Die Große Umkehr
Fragen um Bruno Gröning

Dr. rer. pol. Kurt Trampler

© 2018

Herstellung und Verlag:
BoD – Books on Demand, Norderstedt.

ISBN: 978-3-7528-3549-6

3. erweiterte Auflage

Wichtige Hinweise:
Weder der Autor noch die in diesem Werk genannten Personen, noch die hier vorgestellte Lehre raten von einem Arztbesuch bzw. einer ärztlichen Behandlung ab. Ebenso wird niemals zum Abbruch einer ärztlichen Behandlung geraten. Im Gegenteil: Hier an dieser Stelle wird ausdrücklich dazu geraten; eine ärztliche Behandlung stets so lange und nach den Anweisungen des behandelnden Arztes fortzusetzen, bis dieser die Behandlung von sich aus beendet. Gleiches gilt für die Einnahme von Medikamenten, therapeutischen Maßnahmen und für weitere Anordnungen des Arztes. Weiterhin werden in diesem Buch Worte weiterer Personen interpretiert und kommentiert. Es wird hiermit darauf hingewiesen, dass es sich hierbei stets um die Meinung und Erkenntnisse der Autoren handelt. Dies gilt für das gesamte Buch. Somit unterliegt dieses Werk unantastbar der Meinungsfreiheit.

Die Große Umkehr

Ich rufe Sie auf zur Großen Umkehr! Ihr habt Euch von Gott, Eurem Vater entfernt. Nun müsst Ihr umkehren, um wieder zu ihm zu finden. Mit Gott seid Ihr alles, ohne ihn nichts! Ihr müsst Gott ein Versprechen geben; dass Ihr mit dem Bösen nichts mehr zu tun haben wollt, sondern jetzt Euch ganz dem Guten, dem Göttlichen zuwendet.

Bruno Gröning

(Aus: „Bruno Gröning – Wegweisungen", ISBN 978-3-8370-4480-5)

VORBEMERKUNG
DES VERFASSERS

Es gab im Jahre 1949 in Deutschland kaum ein Geschehen, das so sehr die gespannte Aufmerksamkeit und die tiefe innere Anteilnahme der Menschen gefunden hat wie alle Vorgänge um Bruno Gröning. Das Auftreten dieses Mannes ist in ein materialistisches Weltbild schlechthin nicht einzuordnen. Dies ist wohl auch die tiefere Ursache des zuweilen erbitterten Meinungskampfes, der um seine Person und seine Heilungen entbrannt ist: Wer dem materialistischen Denken so sehr verfallen ist, dass er nur noch zu glauben vermag, was er mit Händen greifen oder mit Apparaten messen und beweisen kann, der wird dem Unbegreiflichen, das durch Grönings Wirken geschieht, ohne Verständnis und sehr oft auch intolerant gegenüberstehen. Wer aber die Ehrfurcht vor dem Unerforschlichen, Göttlichen in sich hat und nicht der Vernunft allein seine letzten Lebensentscheidungen überantwortet, der wird zumindest mit verantwortungsvollem Ernst zu ergründen suchen, ob Grönings heilende Kraft aus jenen ewigen Quellen fließt, die jenseits unseres Denkens liegen. Er wird darüber hinaus bereit sein, Erscheinungen, die er genau beobachtet hat, auch dann zu glauben, wenn ihm jegliche Erklärungen aus dem Bereich des Bekanntem und Erforschtem fehlen.

So zwingt das Auftreten Bruno Grönings - ganz gleichgültig, welches die letzten Erkenntnisse über ihn und sein Werk sein werden - zu einer Scheidung der Geister: Zwischen denen, die innerlich bereit sind, auch Unerforschliches als lebendige Wirklichkeit zu erkennen, und den andern, die den Glauben daran verneinen.

Das Empfinden, das das materialistische Zeitalter seiner Selbstvernichtung entgegengeht, ist in der Welt von heute allgemein. Aber auch hier scheiden sich wieder die Geister zwischen jenen, die in dumpfer Verlassenheit der Katastrophe entgegentreiben oder, wenn sie zu den Mächtigen gehören, sie mit einer gewissen Raubtiermoral zu überdauern hoffen, und den anderen, die inmitten des großen Chaos des unerschütterlichen Glaubens sind, dass ein neues Zeitalter des Lebendigen anbricht, das alles Leben in einer höheren Ordnung wieder einem harmonischen Ausgleich und Zusammenwirken entgegenführt. Weil zahllose Menschen in aller Welt sich diese Fragen stellen und weil für sie der Sinn ihres Lebens an die Antwort darauf gebunden ist - deshalb richten sich nicht nur die Augen der hilfsbedürftigen Kranken auf Gröning. Auch die Gesunden fragen, ob seine unerklärlichen Heilungen sich zu den Zeichen fügen, die eine Wende der Zeiten ankündigen. Ja, vielen Kranken sogar ist diese letzte Frage noch bedeutsamer als ihre eigene Heilung.

Der Bericht über meine Begegnungen mit Bruno Gröning soll ein kleiner Beitrag zur Klärung dieser unendlich schwierigen Fragen sein. Ich schicke voraus, dass ich nicht jenen wissenschaftlichen Disziplinen angehöre, die sich allenfalls für die Beurteilung Grönings für zuständig halten könnten. Von Haus aus bin ich Jurist und seit einem Vierteljahrhundert Journalist. In diesem Beruf glaube ich immerhin eines gelernt zu haben: Unvoreingenommen zu beobachten und unverzerrt zu berichten, was ich gesehen und erlebt habe. Was ich über Bruno Gröning niedergeschrieben habe, ist nach meinem besten Wissen und Gewissen die reine Wahrheit, und ich glaube in keinem der dargelegten Fälle Opfer einer Sinnestäuschung geworden zu sein. Wo ich mich gelegentlich auch auf Beobachtungen anderer stützen musste, ist dies deutlich kenntlich gemacht. Ich habe es nach Möglichkeit vermieden, meine Wahrnehmungen mit Weltanschauungen, Geschichtsbildern und Vergleichen und Theorien aller Art in Verbindung zu bringen, sondern wollte vielmehr die beobachteten Tatsachen und die Auffassungen Grönings so wiedergeben, dass jeder Leser sich selbst ein eigenes Urteil bilden und die seltsamen Erscheinungen seinen innersten Überzeugungen gegenüberstellen kann.

Was ich hier niedergeschrieben habe, ist nicht alles, was ich in der Gegenwart Grönings erlebt habe. Über manches Weitere indessen vermochte ich noch nicht jene Gewissheit für die Richtigkeit meiner Beobachtungen zu finden, die ich für die Voraussetzung halte, anderen darüber Mitteilung zu machen.

Der Leser wird aus meinem Bericht mit Recht schließen, dass ich persönlich von der heilenden Kraft Grönings überzeugt bin - gehöre ich doch selbst zu denen, die durch ihn die Gesundheit zurückerhielten. Der Genauigkeit meiner Darstellung dürfte indessen diese eigene Einstellung nicht Abbruch tun.

Wo ich in meinem Bericht Namen nur mit Anfangsbuchstaben angedeutet habe, sind sie mir bekannt; ich habe sie nur deshalb nicht genannt, um die Betreffenden, meist eben behandelte Patienten, vor zahllosen Fragestellern zu retten.

Gräfelfing bei München, den 1. Januar 1950

Dr. Kurt Trampler

ERSTE BEGEGNUNG MIT DEM UNBEKANNTEN

Im August 1949 ist Bruno Gröning in Bayern eingetroffen. Der Ruf war ihm vorausgeeilt, dass er Kranke heilen könne, die von allen Ärzten als unheilbar aufgegeben seien. Grönings Aufenthalt wurde zunächst streng geheim gehalten. Man nahm mit Recht an, dass die Zahl verzweifelter Hilfesuchender in Bayern genauso unabsehbar sein würde wie zuvor in Herford. Was über Gröning damals an die Öffentlichkeit drang, war voll der Widersprüche. Da hatte ihm ein Ärztekollegium einen völlig ungeeigneten Fall (eine auf rein chirurgische Ursachen zurückgehende Kieferklemme) vorgelegt, den er nicht geheilt hatte. Dafür hatte er unmittelbar danach auf offener Straße einen Gelähmten aus dem Fahrstuhl aufstehen lassen. Wo immer Gröning gesehen worden war, hörte man bald danach von seltsamen Heilungen. Ein Schwerversehrter des Ersten Weltkrieges, der infolge einer Verwundung ein Vierteljahrhundert stumm gewesen war, fand über Nacht die Sprache wieder - nur weil er einen Brief mit inständigen Bitten an Bruno Gröning niedergeschrieben (aber noch nicht abgeschickt) hatte. War das alles Wirklichkeit? War es Legende? War Dichtung und Wahrheit vermengt? Wer die Wahrheit suchte, konnte sich nur eines wünschen: die persönliche Begegnung mit Gröning selbst.

Am späten Nachmittag des 27. August erhielt ich die Mitteilung, dass ich noch in den Nachtstunden auf dem Traberhof die Gelegenheit zu einem Zusammentreffen mit Gröning finden könne. Auf der Fahrt nach Rosenheim rief ich mir nochmals alles Glaubwürdige und Unglaubwürdige in Erinnerung, was ich über sein Wirken gehört und gelesen hatte und legte mir eine Reihe von Fragen zurecht, die ich an ihn richten wollte - nicht ahnend, dass die Begebenheiten, deren Zeuge ich in dieser Nacht werden sollte, unendlich viel eindringlicher sprechen würden, als Worte es je vermöchten. Meine Frau, die mich als Bildberichterstatterin begleitet, überprüfte nochmals ihre Apparate, ehe wir uns zum Traberhof unweit des Stadtrandes von Rosenheim begaben. Es war Nacht, als wir dort eintrafen. Die Scheinwerfer der Filmgesellschaft, die den Dokumentarfilm über die Heilungen aufnahm, hoben eine unvergessliche Szene aus dem Dunkel.

Bruno Gröning stand auf dem Balkon und sprach zu einer großen Menschenmenge, die, wie wir später erfuhren, schon stundenlang geduldig auf ihn gewartet hatte. Eine unendliche Ruhe strömt von dem Manne aus, der sich mit einer leisen eindringlichen Stimme an die vielen Hilfesuchenden zu seinen Füßen wendet. Es ist so still, dass jedes seiner Worte auch von dem Letzten in diesem weiten Kreise verstanden wird. Zum ersten Mal erschüttert uns das Übermaß des Leides, das sich vor Gröning immer wieder versammelt, die abgehärmten[1], von Schmerzen und Sorgen gezeichneten Gesichter, die sich in gläubigem Vertrauen zu dem Manne erheben, in dessen Wirken sie die letzte Möglichkeit der Heilung und Rettung sehen. Wir kommen eben aus der ungeduldigen Arbeitshetze der Großstadt und sind doch sofort im Banne der eigenartig feierlichen Stimmung, die sich über alle Anwesenden ausgebreitet hat - Ruhe, Geduld, Zuversicht. Es ist, als ob für den Kreis, den Grönings Worte erreichen, das materialistische 20. Jahrhundert versunken und ein Zeitalter

heraufgezogen wäre, in dem andere Gesetze, andere Wertordnungen gelten als in dein unseren.

Gröning verzichtet auf jede Rhetorik. Jedes seiner einfachen, inhaltsreichen Worte ist zum Verständnis dessen nötig, was seine Zuhörer wissen müssen. Zum ersten Male hören wir seine Mahnung, sich zum Glauben an Gott zu bekennen - das sei die erste Voraussetzung, die Heilung zu empfangen. Dann gibt er die Weisung, den Gedanken an die Krankheit abzuschalten, die Augen zu schließen und genau zu beobachten, was im Körper vor sich gehe. Er wiederholt diese Weisung mehrmals, denn er fühlt sicher, wie schwierig es für die Kranken ist, ihr nachzukommen. Wir spüren in diesem Augenblick ein leises Prickeln in der Hand, ähnlich einem schwachen elektrischen Stromstoß. Nach einer geraumen Zeit, während derer er stumm, mit einem Ausdruck der äußersten Konzentration, die Leidenden überblickt, sagt Gröning, er habe ihnen gegeben, was er ihnen geben könne. Sie sollten die Kraft jetzt in sich wirken lassen und an die Heilung glauben, auch wenn sie nicht sogleich eintrete.

Ein Kind schreit auf: „Ich sehe jetzt das Licht!" An einigen Stellen kommt erregte Bewegung in die Menge. Es wird von plötzlichen Heilungen gesprochen. Wir hören, wie Gröning einige Leidende (darunter auch das blinde Kind) auffordert, zu ihm herauf zu kommen.

Mein erster Eindruck ist: Dieser Mann glaubt fest, was er sagt, und verfügt tatsächlich über ungewöhnliche Kräfte.

---

[1] Voller Kränkung, Kummer, Qual, Scham, Schande und Schmach

Als Gröning den Balkon verlassen hat, lassen wir uns bei ihm melden. Während wir auf dem Vorplatz auf Einlass warten, sprechen wir mit zwei Frauen, Mutter und Tochter, die gekommen sind, um Gröning für ihre Heilung zu danken. Sie sind über das, was sie an sich erfahren haben, bewegt und überglücklich, nennen uns ihre Namen und Adressen und erzählen uns ihre Krankheitsgeschichte - immer mit dem Hinweis darauf, dass sie bereit seien, das Gesagte überall zu bezeugen. Die junge Frau, Elisabeth H. aus Starnberg, litt seit Monaten an Gehirnkrämpfen, die als Folge einer Typhuserkrankung aufgetreten waren. Sie wurde immer wieder bewusstlos und verlor keinen einzigen Tag ihre quälenden Kopfschmerzen. Die Unheilbarkeit ihres Leidens schien so unbezweifelbar, dass eine Scheidung ihrer jungen Ehe bevorstand. Ihre Mutter, Frau G. aus Rosenheim, brachte sie etliche Tage vor unserem Zusammentreffen zu Gröning, der sich nur ganz kurze Zeit mit ihr befasste. Zwischen Glauben und Zweifel stand sie vor ihm, gequält von dem Gedanken an die Scheidung. Er sagte zu ihr: „Was Sie denken, ist nicht richtig. Fürchten Sie sich nicht!" Dann sandte er sie nach Hause. Am darauffolgenden Tag waren die Schmerzen fast noch stärker als zuvor, am übernächsten aber waren sie verschwunden. Nicht nur die Gesundheit, auch die Ehe der jungen Frau war gerettet. Ohne eine Spur von Schmerzen war sie nochmals gekommen, um ihrem Helfer zu danken. Sie sah gesund und blühend aus. Die Mutter, die sie auch bei ihrem ersten Besuch begleitet hatte, ohne dabei überhaupt an ihre eigene Gesundheit zu denken, fühlt sich seither von einer Herzkranzneurose befreit.

Einige wenige Kranke und Beobachter sind in dem Zimmer beisammen, in dem wir jetzt Gröning gegenüberstehen. Es ist mir in diesem Augenblick ganz klar, dass die vielen Fragen, die ich überlegt an ihn richten wollte, am Kern der Dinge vorbeigehen würden, dass hier etwas ganz anderes am Werke ist, für das man sich nur aufnahmebereit - „durchlässig" sozusagen - machen kann, um etwas davon zu begreifen. Meine Frau, die sonst in jeder Lebenslage ohne Scheu den Fotoapparat handhabt, lässt ihn in der Tasche.

Lange beobachten wir Gröning, wie er sich einiger Hilfsbedürftiger annimmt, und kommen dabei zu dem Ergebnis, dass die verbreiteten Fotografien den persönlichen Eindruck nicht wiedergeben können, der von den durchdringenden, tiefblauen Augen und dem Ausdruck einer außerordentlichen Konzentration im Gesicht bestimmt wird. Ungemein sympathisch wirkt sein phrasenloses, einfaches Sprechen, das übrigens entgegen gelegentlich verbreiteten gegenteiligen Vorstellungen das Wort mit einer sparsamen klaren Präzision benützt. Wohltuend ist seine zurückhaltende Bescheidenheit und der Verzicht auf alle „propagandistischen" Proben seiner Befähigung. Es gibt um ihn keine mystische Geheimnistuerei, es vollzieht sich alles bei hellstem Licht und darf genauestens beobachtet werden. Anwesenden Ärzten gibt er über alles Auskunft, was für sie von Interesse sein könnte. Mit einer herzgewinnenden Güte nimmt er sich jedes einzelnen Kranken an, ganz besonders aller Kinder, die zu ihm gebracht werden. Er ist offensichtlich von seiner Sendung ganz erfüllt und folgt ihr unbeirrbar. Zu einem der Anwesenden wendet er sich: „Es gibt Leute, die meinen, sie müssten sich schämen, wenn sie an den Herrgott glauben. Glauben Sie an Gott! Bekennen Sie sich ruhig dazu - das ist das Erste. Wir sagen so oft am Tage »Grüß Gott«; denken wir uns etwas dabei, denken wir an den Sinn?" Immer wieder ermahnt er, streng bei der Wahrheit zu bleiben und nicht anzunehmen, er wünsche oder erwarte bestimmte Antworten.

So sehr mich das, was ich mit eigenen Augen sah, davon überzeugt hatte, dass hier ein Helfer mit ganz ungewöhnlichen, kaum erklärlichen Fähigkeiten mit gesammeltem Ernst am Werke war, um den Leidenden zu helfen, so dachte ich doch nicht einen Augenblick daran, dass er imstande sein würde, mich selbst zu heilen. Ich war als Journalist gekommen, nicht als Patient. Was mir fehlte, war weder eine psychische noch eine psychosomatische Krankheit, sondern ganz einfach die im Röntgenbild klar nachweisbaren Folgen einer schweren Luftkriegsverletzung. Es handelte sich, wie noch vier Jahre nach der Verwundung, am 9. Mai 1947, durch eine amtsärztliche Untersuchung bei der Landesversicherungsanstalt (Dr. Klein) festgestellt wurde, um Bruch der Fußwurzelknochen und des Wadenbeins rechts und Arthrosis deformans. Die Brüche waren unter erheblicher Deformierung verheilt; jede Bewegung, insbesondere jede Seitwärtsbewegung des Fußes war äußerst schmerzhaft. Selbst in Ruhestellung setzten die Schmerzen niemals ganz aus. Mit dem Hinweis: „Erheblich geh- und stehbehindert" wurde ich in die Versehrtenstufe 11 (50 Prozent Erwerbsminderung) eingestuft. Ich hatte mich daran gewöhnt, diese Beschwerden als unvermeidliche Kriegsfolge hinzunehmen, und auch von ärztlicher Seite waren mir nie Hoffnungen auf eine wesentliche Besserung meines Zustandes gemacht worden. Gewiss, ich bewegte mich in Haus und Garten ohne Stock. Außer Hause konnte ich nicht auf die Stütze verzichten, weil schon kurze Wege ohne Stock zu einer erheblichen Verschärfung der Schmerzen führten. Ein „Fall" für Gröning? Mit keinem Gedanken nahm ich das an.

Noch während er einen andern Kranken behandelte, streifte mich Gröning mit einem Blick. Im selben Augenblick spürte ich einen plötzlichen Schmerz in der rechten Schulter. Dabei ging mir der Gedanke durch den Kopf, dass ich vielleicht an der richtigen Stelle sei, falls ich mir etwa in der Bahn rheumatische Schmerzen zugezogen haben sollte. Ein paar Minuten später wandte sich Gröning an mich: „Wozu nehmen Sie denn noch den Stock - Sie brauchen ihn doch nicht mehr?" Ich hielt das im ersten Moment für eine Suggestiv-Frage und erwiderte, ich sei ja gar nicht als Patient, sondern als Zeitungsberichterstatter da und nähme auch keineswegs an, dass mir geholfen werden könne. Dabei wies ich auf die Art meiner Verwundung hin. Gröning hörte sich dieses Sträuben lächelnd an, ermunterte mich, nun einmal als Egoist an meine Gesundheit zu denken und nicht an meinen Zeitungsbericht, und forderte mich auf, genau darauf zu achten, was in meinem Körper vorgehe. So beschrieb ich denn zunächst den Schmerz in der rechten Schulter und fragte, ob das dazugehöre. Gröning bejahte und forderte mich auf, weiter zu beobachten. Ich war skeptisch, mit meinen Gedanken mehr bei meinem Zeitungsbericht als bei meiner Gesundheit - und bemerkte vorerst nichts Neues. Gröning wartete geduldig auf meine nächsten Mitteilungen, und bald konnte ich denn auch feststellen, dass der Schmerz in der Schulter in ein prickelndes Hitzegefühl überging, das die ganze rechte Körperhälfte erfasste. Ich erwähnte diese Begrenzung auf die rechte Körperhälfte besonders. „Sie brauchen es ja auch nur rechts! Die Kraft sucht sich ganz von selbst die Stellen, an denen sie wirken muss."

Nach einiger Zeit wurde nun auch der verletzte rechte Fuß heiß. Es begann darin förmlich zu arbeiten. Diese Hitzeempfindung hatte eine entfernte Ähnlichkeit mit einer Diathermiebehandlung, nur war sie viel intensiver - und doch ganz anders. Ich hatte den Eindruck, als ob das Blut heftiger durch den Fuß hindurchgepumpt würde. Die Adern pochten. Das war eine Empfindung, die ich sechs Jahre nicht gehabt hatte. Ich berichtete das alles, und nun war Gröning zufrieden. Noch heute erzählt er es gerne, w i e ich mich gesträubt habe, geheilt zu werden! Er nahm mir den Stock aus der Hand, strich mehrmals mit der Hand darüber hin und sagte: „Sie brauchen jetzt keinen Stock mehr als Stütze, aber er ist jetzt Ihre Medizin. Wenn Sie irgendwie Schmerzen haben oder übermüdet sind, nehmen Sie ihn fest in die rechte Hand."

Das Hitzegefühl und das Prickeln hielt noch eine Zeit lang an. Der Fuß schmerzte aber noch heftig. Als ich indessen nach meiner Heimkehr einige Stunden tief und traumlos geschlafen hatte, war er völlig schmerzfrei. Wenige Tage hatte ich in der Unterschenkelmuskulatur noch eine Art „Muskelkater", dann waren auch diese Regelungserscheinungen verschwunden.

Seither sind vier Monate vergangen. Gröning hat noch durch einige Fernbehandlungen gelegentlich eingewirkt und damit nahezu die letzten Behinderungen beseitigt. Ich kann jedenfalls meinen Fuß wieder genauso beanspruchen wie vor meiner Verwundung. Sogar ein kräftiges Aufspringen hat nun keinerlei Schmerzen mehr zur Folge.

Mir selbst war es damit natürlich leicht gemacht, an Grönings heilende Kraft zu glauben: Kein ärztliches Zeugnis kann schließlich so gründlich überzeugen wie die Erfahrung am eigenen Leibe, dass Schmerzen und Bewegungsbehinderung nach mehr als sechs jähriger Dauer in einer Frist von Minuten beseitigt sind.

Es sei hier, obwohl es zeitlich erst viel später feststellbar war, das Endergebnis meiner Heilung vorweggenommen: Dr. Hermann R. in München, der mich seinerzeit nach meiner Verwundung behandelt hatte, bekundete, dass infolge der Behandlung durch Gröning die Beweglichkeit des bis dahin schwerbehinderten rechten Fußes gegenüber jener des gesunden linken nur noch „um eine Spur" herabgemindert und dass zu erwarten sei, dass sich auch diese geringfügigen Unterschiede durch den regelmäßigen Gebrauch noch ausgleichen werden. Auf welche Weise Gröning dieses Ergebnis erzielt habe, konnte Dr. R. nicht erklären.

Ein Chirurg meinte, ich hätte wohl auch vor der Behandlung durch Gröning unter extremen, unerträglichen Schmerzen (also rein mechanisch) den Fuß ebenso bewegen können wie danach. Die Schmerzempfindung würde aber bei jedem Schritt der eines frischen Bruches kaum nachgestanden haben. Durch die rätselvolle Heilung der Nerven und die damit verbundene Beseitigung des Schmerzes habe es Gröning erreicht, dass ich ohne Beschwerden die Grenzen der mechanischen Beweglichkeit des Fußes voll ausnützen kann. Durch den regelmäßigen und normalen Gebrauch des Fußes seien dann die Atrophien verschwunden und habe sich die Beweglichkeit noch weiter verbessert. Diese Erklärung hat manches für sich, scheint mir aber dennoch den ganzen Vorgang der Heilung nicht zu umfassen: Gröning selbst sagte mir, er habe einen zerrissenen Nerv, dessen Enden etwa 1 cm voneinander Abstand gehabt hätten, geflickt und fraglos hat er auch den gestörten Blutkreislauf in Ordnung gebracht.

Mir selbst genügt meine eigene Feststellung, dass ich wieder ohne Schmerzempfindung laufen kann, ja dass ich sogar auf die geliebten Berge fortan nicht mehr verzichten muss.

Doch zurück zu meiner ersten Begegnung mit Gröning auf dem Traberhof. Was jetzt noch im Zimmer anwesend ist, sind durchwegs „schwere Fälle". Zunächst das kleine Mädchen, das an grauem Star leidet und unter der wartenden Menge plötzlich das Licht erkannt hatte. Der Kleinen laufen die hellen Tränen herunter vor Erschütterung und Glück, dass ihre Augen wieder etwas wahrnehmen können. Noch mehrmals befasst sich Gröning· mit besonders einfühlender Güte mit dem Kind und zieht, um noch präzisere Feststellungen treffen zu können, die Mitarbeit von Frau Hülsmann hinzu. Er lehnt es ab, Frau Hülsmann als „Medium" zu bezeichnen, denn es sei keinerlei Hypnose oder Suggestion dabei im Spiel. Auf eine unerklärliche Weise kann es Gröning bewirken, dass ein Dritter genau alle körperlichen Empfindungen der Patienten mitempfindet und darüber Aussagen machen kann. Diese Form der „Diagnose" und Aussage ist besonders bei Kindern angezeigt, die über ihre Beobachtungen oft nicht präzis genug berichten können. Frau Hülsmann erläutert nun in allen Einzelheiten, was die Kinder in jeder Phase der Behandlung spüren.

Das Mädchen, das bis vor wenigen Stunden blind war, berichtet. Ein leichter Schleier vor seinem linken Auge sei alles, was von der Dunkelheit noch übriggeblieben sei, und Gröning hofft, dass nach einem gewissen Zeitablauf auch diese letzte Behinderung noch verschwinden wird. Un-

ter Mitarbeit von Frau Hülsmann behandelt er noch zwei weitere Kinder, einen tauben und einen an beiden Beinen gelähmten Buben. Auch hier nimmt er selbst an, dass die Besserung geraume Zeit erfordern wird.

Bei langwierigen Lähmungen ergibt sich das schon daraus, dass meist als Folgeerscheinungen schwere Atrophien der Muskulatur aufgetreten sind, die erst in einem längeren Erholungsvorgang ausgeglichen werden müssen, ehe die wiederbelebten Glieder wieder voll funktionsfähig werden können. Es liegt an der Grenze des Unheimlichen, zu sehen, wie sich - durch heftige Bewegungen des Kindes sichtbar gemacht - innere Vorgänge in dem Tauben abspielen, während Gröning sich bemüht, „Gehör und Verstand in Einklang zu bringen". Er mahnt die Eltern, in den nächsten Tagen nur ganz leise mit dem Kind zu sprechen und jegliche erklärenden Gesten vollständig zu unterlassen.

Zu einem Schwerhörigen, dem es noch nicht zum Bewusstsein kommt, dass die heilende Kraft sein Gehör bereits wesentlich gebessert hat, sagt er mit ganz leiser Stimme: „Wenn ich so schreie, so hören Sie mich doch", worauf der früher Schwerhörige eifrig nickt und den Wortlaut wiederholt. Erst auf diesem Umweg begreift er, dass man ja nun gar nicht mehr schreien muss, um sich ihm verständlich zu machen.

Während dieser Behandlungen kommen von dem Platz vor dem Traberhof fortgesetzt Mitteilungen über Veränderungen im Befinden von Kranken. Vor allem handelt es sich darum, dass die Glieder von Gelähmten wieder erwärmt und durchblutet werden und beginnen, wieder Gefühlsempfindungen zu zeigen und sich zu bewegen.

Elf Ärzte sind an diesem Tage zu Bruno Gröning gekommen, mehrere mit ihren Patienten. Sie haben festgestellt, dass es ihrer Kunst bisher nicht gelingen konnte, diesen Leidenden Heilung zu bringen, und nun wagen sie vorurteilslos den Versuch, Grönings Heilkraft auf sie wirken zu lassen. Dr. M. aus einem Kurort des Alpenvorlandes lässt eine junge Frau, Monika B., hereintragen, die vor Monaten aus der Watzmann-Ostwand abgestürzt war. Seither ist Monika B. vom Unterkörper abwärts gelähmt (Querschnittslähmung) und kann auch nicht mehr „durchatmen". Alle Anwesenden beobachten nur mit einer scheuen Spannung, wie sich Gröning ihr zuwendet. Auch sie beschreibt, wie sie die Heilkraft zu fühlen beginnt. Sie arbeitet mit gläubigem Vertrauen mit, richtet sich plötzlich auf - und mit dem Aufschrei „D U R C H !" entringt sich ihr ein tiefer, voller Atemzug. Doch ihre Verletzungen sind zu schwer, als dass sie sich aufrecht halten könnte. Gröning versenkt sich später nochmals mit äußerster Anspannung in ihr Leiden. Man hört in dem totenstillen Raum keinen Laut. Auf Grönings Stirn treten die Adern hervor. Er steht abgewandt von der Patientin, und seine gespreizten Finger beginnen zu vibrieren und trennende und knüpfende Bewegungen auszuführen, während die Patientin selbst sichtbar von einer unbekannten Macht bewegt wird. Dann fordert er sie auf, ganz vorsichtig ihr Bein zu berühren. Es weist Wärmeempfindungen auf, und sie spürt zum ersten Mal wieder die Berührung. Erklärend bemerkt Gröning zu den Ärzten, es habe sich jetzt der gleiche Vorgang von Trennung und Verknüpfung von Nerven vollzogen, wie seinerzeit bei der Behandlung des jungen Dieter Hülsmann in Herford. Das Hitzegefühl, sagt er, werde bei der Patientin noch anhalten und ihre Gesundheit werde Fortschritte machen.

Während der vielen weiteren Behandlungen von Schwerkranken haben wir Gelegenheit zu mancherlei Beobachtungen. Es scheint - und das bestätigt mir Dr. M., der neben mir sitzt und den ganzen Abend nicht eine Bewegung Grönings aus den Augen lässt -, dass seine Heilungen in eine Schicht des Unbewussten oder Unterbewussten durchstoßen, die bei vielen Menschen durch eine Überbetonung des Intellektes verschüttet ist. Es stört beispielsweise seine Arbeit, wenn jemand im Raume den rationalen Zweifel nicht ausschalten kann. Das wirkt, um einen groben Vergleich zu gebrauchen, offensichtlich wie ein Störsender. Bei der Behandlung einer gelähmten Frau wendet er sich plötzlich an einen im Hintergrund Stehenden, spricht ihn als Mann der Kranken an und bittet ihn, sich zu entfernen, wenn er die Gedanken an die Krankheit seiner Frau nicht abschalten könne. Weder der Patient selbst noch ein anderer soll im Augenblick der Behandlung an seine Krankheit denken, sondern nur beobachten, was „in ihm" vorgeht.

Dann wieder spricht Gröning eine im Hintergrund sitzende Frau an, deren Hände er unmöglich sehen konnte: „Was haben Sie da in der Hand (es war eine winzige Feder)? Spielen dürfen Sie natürlich nicht dabei. Sie müssen sich konzentrieren." Zu meiner Frau bemerkt er unvermittelt: „Denken Sie jetzt nicht ans Fotografieren, sondern an Ihre Gesundheit. Beobachten Sie, was in Ihnen vorgeht." Die Leica lag dabei hinter ihr, und war von Grönings Standort aus nicht zu sehen.

Beim Abschied habe ich nochmals Gelegenheit, über einige bewegende Fragen mit ihm zu sprechen. Er lehnt die Sensationsberichterstattung ab - die unfreundliche wie die freundliche - und bittet mich, gewissenhaft die reine Wahrheit zu schreiben. „Ich brauche keine Propaganda", sagt er, „aber ich will, dass die Menschen die Wahrheit über mich zu wissen bekommen." Mit einem ungemein kräftigen, sympathischen Händedruck (die Art, wie jemand die Hand reicht, ist für mich immer sehr maßgebend für den ersten. Eindruck gewesen) verabschiedet uns Gröning und lädt uns ein, wiederzukommen. Es ist nachts 3 Uhr. Der ganze Vorplatz ist erneut von Hilfesuchenden dicht besetzt, und um 5 Uhr früh will Gröning eine Fahrt antreten. „Heute arbeitet er wieder ohne Schlaf durch", hören wir von einem Mitarbeiter.

Ein leiser Regen fällt, als wir, im Innersten aufgerührt, nach Rosenheim zurückwandern. Ich trage den Stock unter dem Arm. Die kühle Luft tut gut, nach so vielen Eindrücken. Aber nichts verflüchtigt sich, nichts verändert den Aspekt, als wir in' anderer Atmosphäre unsere Beobachtungen rekapitulieren und vergleichen. Das alles haben wir selbst gefühlt und haben wir mit eigenen Augen gesehen.

Obwohl mir manche Beobachtungen aus dieser Nacht im Laufe der späteren Zusammenarbeit mit Bruno Gröning erklärlicher geworden sind, habe ich die erste Begegnung mit dem Unbekannten auch hier so wiedergegeben, wie ich sie unter dem unmittelbaren ersten Eindruck aufgezeichnet habe.

„Wenn Goethes Forderung", so beschloss ich damals meinen Zeitungsbericht, „das Erforderliche zu erforschen, das Unerforschliche aber ruhig zu verehren, jemals Gültigkeit hatte, dann gegenüber jener unerklärlichen Kraft, die vor unseren Augen Heilungen vollbringt, die kein Arzt mehr für möglich hielt". Dem habe ich auch heute nichts hinzuzufügen, und dieser Grundhaltung soll auch mein weiterer Bericht folgen.

ERFORSCHLICHES UND UNERFORSCHLICHES

Bruno Grönings Einladung, ihn auf einigen Fahrten zu begleiten und bei seinen Zusammenkünften mit Kranken zugegen zu sein, gab mir die erhoffte Gelegenheit, sehr vielseitige Beobachtungen zu sammeln, um Wirkung und Bereich seiner Kraft klarer zu erkennen. Einer Erkenntnis ihres Ursprungs bin ich durch eigenes Nachforschen nicht nähergekommen - nur Grönings eigene Worte weisen hier den Weg zu einem Glauben, zu dem jeder seine eigene Stellungnahme finden muss. Die Wahrnehmungen, die ich über all das aufzeichnete, habe ich mehrmals mit aufgeschlossenen Persönlichkeiten der Wissenschaft - der Theologie, der Psychologie und der Medizin - besprochen. Sie fanden an meinen Darstellungen nichts, was ihnen als Beobachtungsfehler erschienen wäre. Sie vermochten indessen ebenso wenig wie ich, in diesen Geschehnissen Ursachen und Grenzen jenes Phänomens zu finden, das durch wissenschaftliche Untersuchungen wohl nur zu einem sehr kleinen Teil zu erklären ist. Ohne eine feste Ordnung, in zwangloser Folge reihe ich deshalb in diesem Abschnitt meines Berichtes meine Aufzeichnungen über Begebenheiten aneinander, die jeden Leser vielleicht zu anderen Schlüssen führen werden, je nachdem, von welchem Blickpunkt aus er sie betrachtet und wertet.

Als ich nach meiner Heilung vom Traber-hof zurückgekehrt war, machte ich wenig später die erstaunliche Feststellung, dass die Wirksamkeit der Kraft Grönings nicht an seine körperliche Gegenwart gebunden ist. Ich erwähnte bereits, dass er den Stock, der bisher meine Stütze gewesen war, nunmehr als meine „Medizin" be-zeichnet hatte. Er hatte ihn „angespro-chen". Dieses „Ansprechen" eines Gegen-standes, dass bei den Heilungen in den verschiedensten Formen eine Rolle spielt, hat die Wirkung, dass etwas von Grönings Heilkraft in dem betreffenden Gegenstand verankert bleibt. Würde man den Gegen-stand aber als eine Art „Akkumulator" be-zeichnen, so wäre der Vergleich ungenau, denn die Kraft vermindert sich auch durch dauernde Inanspruchnahme dieses Talis-mans nicht. Gröning selbst hatte, als er mir noch eine „angesprochene" Staniolkugel übergab, erklärt, dass ich, damit ein Teil von ihm bei mir trage und dadurch dau-ernd mit ihm in Verbindung sei. Nur wenn er selbst einem Gegenstand die Kraft wie-der „abspreche", was er, ebenso wie das Ansprechen, aus jeder beliebigen Entfer-nung tun könne, werde er wirkungslos. Eine Entziehung der Kraft nähme er immer dann vor, wenn sie zu gewinnsüchtigen Zwecken missbraucht werde. Im Allgemei-nen entfalte ein angesprochener Gegen-stand seine Wirkung nur für den Men-schen, dem er zugesprochen sei. Es sei denn, Gröning selbst beauftragt einen Dritten, ihn zu überbringen. (Mehr dazu später)

Doch zurück zu meiner ersten Begegnung mit der Heilkraft in meinem Stock. Für mein Fassungsvermögen war dieser ganze Fragenkomplex um die „angesprochenen" Gegenstände zunächst schwer begreiflich. Ich bin immerhin im 20. Jahrhundert auf-gewachsen und neigte zunächst der Mei-nung zu, dass es sich hier um etwas Ähnli-ches handle wie die sogen. „Übertragungs-gegenstände", die in der Psychotherapie dem Zwecke dienen, den behandelten Pa-tienten von der Bindung an die Person des Behandelnden abzulösen. So lehnte denn der besagte Stock ziemlich unbeachtet an einem Sessel. Die journalistische Verarbei-tung meiner ersten Eindrücke forderte nun ein erhebliches Maß an Nachtarbeit, die sonst gewohnheitsmäßig mit reichlichen Mengen von starkem Kaffee in Gang ge-halten wurde. Da fiel - es war in der zwei-ten Nacht nach meiner Heilung - mein Blick wie zufällig auf den Stock, und so-gleich war der Gedanke da: „Versuch es einmal! Nimm ihn in die Hand!" Ich setzte mich in den Sessel, genau wie Gröning es mir angeraten hatte - Rücken frei, Knie nicht aneinander liegend, die linke Hand locker auf dem linken Knie aufliegend - und nahm den mit so viel Zweifel betrach-teten Stock in die rechte Hand. Fast im gleichen Augenblick schloss sich meine Hand ganz von selbst um den Stock, um sich freilich sofort wieder zu lockern. Un-mittelbar darauf entstand ein ziehender Schmerz auf der Innenseite des rechten Handgelenkes - etwa der Pulsader folgend - der sich dann in das bereits bekannte pri-ckelnde Wärmegefühl wandelte, das sich rasch ausbreitete. In meinem verletzten Fuß begann es ähnlich zu arbeiten, wie bei der ersten Behandlung auf dem Traberhof. Ein starker Blutandrang zum Kopf bewirkte anfangs ein gewisses Gefühl von Benom-menheit, das aber rasch einer gesteigerten Klarheit und Frische wich. Diese seltsa-men, von mir völlig unerwarteten Wirkun-gen meines mitternächtlichen Erlebnisses wurden mir nun tatsächlich einen Augen-blick lang etwas unheimlich. Im stellte den Stock, an dessen Eigenschaften ich nun nicht mehr zweifeln konnte, etwas scheu wieder an seinen Platz. Ohne eine Spur von Müdigkeit oder Nervosität konnte ich - ohne Kaffee - bis zum frühen Morgen weiterarbeiten. Seither ist mir diese Wirkung, die in gleicher Weise auch von einer Staniolkugel ausgeht, die mir Gröning später noch gab, durchaus vertraut geworden. Was sich hier vollzieht, vermag ich nicht zu erklären; Grönings eigene Meinung hierzu berichte ich an anderer Stelle. Jedenfalls fühle ich mich durch die angesprochenen Gegenstände einem bisher unbekannten Lebensstrom verbunden, der das gesamte Nervensystem in einer unglaublichen Weise „auflädt", sodass die störende Nervosität seit meiner ersten Begegnung mit Gröning vollständig verschwunden ist.

Einige Tage später. Gröning hatte sich auf eine mehrtägige Reise nach Norddeutschland begeben. Vor dem Traberhof wartete eine große Anzahl von Kranken, gleichgültig, wie lange es dauern würde, auf seine Rückkehr. Noch vor seiner Abfahrt hatte er sich vorgenommen, diesen Kranken durch Fernheilung zu helfen. Ich war ebenso gespannt wie skeptisch, ob sich auch in diesem Falle ohne Grönings persönliche Gegenwart eine Wirkung zeigen würde. An einem sonnigen Nachmittag, es mag um 15 Uhr gewesen sein, verspürte ich (ohne dass ich dies etwa erwartet hätte) die gleichen Empfindungen wie bei der unmittelbaren Behandlung durch Gröning. Mein damals noch nicht ganz „fertiger" Fuß begann ganz plötzlich unerträglich zu schmerzen. Dieser Schmerz dauerte etwa eine halbe Stunde an und hörte dann völlig unvermittelt wieder auf. Die Beweglichkeit des Fußes war danach erheblich erleichtert. Fast zur gleichen Zeit, da ich an mir selbst diese Beobachtungen machte, wurden auch von dem Platz vor dem Traberhof überraschende Heilungen berichtet. Zum zweiten Mal wurde eine „Heilwelle"

um 18.20 Uhr fühlbar. Ich notierte die genaue Zeit. Die Welle äußerte sich in einem warmen Prickeln, das sich zuerst in der rechten Hand und an den Fußsohlen zeigte. Es steigerte sich bis zu einer Verstärkung des Blutkreislaufes im Kopf und einem Ohrensausen - ähnlich wie bei der Überwindung großer Höhenunterschiede in einer Seilschwebebahn oder beim Aufsteigen eines Flugzeuges - und bewirkte schließlich das Verschwinden jeglicher Müdigkeit. Etwa eine Viertelstunde später erklärten wieder einige Kranke, sie fühlten sich geheilt. Die Empfindung, im „Kraftfeld" Grönings zu stehen, war im Laufe der Nacht (vom 7./8. September) noch mehrmals so gegenwärtig, dass einer seiner Mitarbeiter, sobald er den Platz wieder von Gröning „angepeilt" glaubte, den Kranken jene Verhaltungsmaßregeln mitteilte, die Gröning sonst bei seinen Massenbehandlungen gibt. Das Ergebnis war auch in der Nacht eine erhebliche Zahl von Heilungen, vor allem die Beseitigung von akuten Schmerzen aller Art, Asthma, Nervenbeschwerden, Krämpfen, aber auch Lähmungen, Sprachstörungen usw. Ein Teil dieser Heilungsberichte konnte von Mitarbeitern Grönings mithilfe von Ärzten zu Protokoll genommen werden.

In einer der vorausgegangenen Nächte (5./6. September) brachte ein Arzt Karl Sch. ins Haus, mit der erregenden Feststellung, der Blinde habe eben auf dem Platz vor dem Traberhof sein Augenlicht wiedererlangt. Sch. legte eine Bescheinigung der Universitätsaugenklinik in München aus dem Jahre 1949 vor, die folgenden Wortlaut hat: „Bei dem Patienten Karl Sch., geb. 24. 8. 1914, besteht am rechten Auge Augenzittern, Hornhautnarben, und angeborener Star. Sehvermögen 1/20. Das linke Auge fehlt. Der Patient ist somit praktisch blind. Die Erwerbsminderung beträgt 125

%. Herr Sch. bedarf dauernd einer Begleitperson. Gez. Dr. E. Walser, Oberarzt." Dieser Blinde weilte auf dem Platz, auf den Gröning - damals wohl aus der Gegend von Bremen - seine Heilwellen entsandte. Er beschreibt jetzt in größter Bewegung, wie er mit einem Male das Gefühl gehabt habe, dass sich in seinem Auge etwas verändere, und wie er dann den Pferdekopf in blauem Neonlicht, eine Lichtreklame auf dem Dache des Traberhofes, wahrgenommen habe. Schließlich habe sich die ganze Umwelt aus dem Dämmer herausgehoben, bis er wieder alles gut habe sehen können. Eine erste ärztliche Überprüfung durch Dr. Zetti bestätigte seine Angaben. Am Tage darauf nahm ich Sch. im Wagen mit nach München. Er beschrieb mir auf der Autobahn auf mehrere hundert Meter Entfernung, welche Fahrzeuge sichtbar wurden. Er sagte mir, was links und rechts der Autobahn zu sehen war - von dem nahen Kirchturm bis zu dem entfernten Gebirge. Um jede Gedankenübertragung auszuschalten, schaute ich selbst in die entgegengesetzte Richtung und kontrollierte jeweils erst hinterher, ob seine Wahrnehmungen stimmten. Sie waren jedes Mal richtig, ob es sich um nahe oder um sehr entfernte Dinge handelte. Auf meine Frage, was er getan habe, um die Heilung zu empfangen, sagte er, er habe gebetet und gewartet.

Solche unerklärlichen Veränderungen während der Abwesenheit Grönings vollzogen sich damals in großer Zahl. Ein Linzer, Friedrich M., hatte „schwarz" die österreichische Grenze überschritten und war Zeuge zahlreicher Heilungen geworden, über die er in einer österreichischen Zeitung berichtete. Wir lesen hier u. a.: „Müde von dem vielen Warten, setze ich mich im Gasthof auf eine Bank. Neben mir sitzt einer auf der Ofenbank, ein kriegsversehrter Heimkehrer scheint er zu sein, denn er trägt noch den lehmbraunen Mantel. Zwei Krücken lehnen neben ihm am Tisch, an dem er den Kopf, in beide Arme gelegt, stützt. „Er leidet an furchtbaren Kopfschmerzen", sagt einer, der in der Nähe sitzt, leise. Er hat nämlich auch einen Kopfschuss und eine Beinprothese. Nun sitzt er schon drei Tage hier und wartet auf Gröning. Ein Herr aus der Begleitung Grönings hat ihm gestern eine der Staniolkugeln gegeben und die hält er seitdem fast immer in seiner rechten Hand und denkt an seine Genesung. Schrecklich, wie sie den zugerichtet haben, er kann sich kaum fortbewegen."

Lange und in tiefe Gedanken versunken, schaue ich auf den armen Menschen. Ganz regungslos hockt er dort, ein Häufchen Elend. Jetzt rührt es sich. Ein Arm hebt sich jäh empor, als ob er eine Fliege verjagen wollte. Aber nein, er stützt sich auf und mit einem Ruck erhebt sich der ganze Mensch, er steht. Die Krücken fallen mit Gepolter zu Boden. Hochaufgerichtet steht der Mann da. Noch ein Ruck, und er stampft mit schweren Schritten auf mich zu. Alles ringsum ist erstarrt, hält den Atem an. Es ist so still, dass man eine Nadel fallen hören könnte. Nur die schweren Schritte dröhnen. „Mann", schreit er mich an, „ich kann wieder gehen." Ein Grinsen läuft über sein Gesicht. „Ich habe alles weg: Ich fühle mich wie ein Gott."

Unter einem spontan ausbrechenden Jubel der ganzen Runde geht er ins Freie, geht und geht und verkündet allen, die draußen liegen, sitzen und stehen: Ich kann wieder gehen! Drinnen in der Stube liegen unter dem Tisch seine Krücken."

Erschütternde Szenen spielen sich ab, wenn Gröning einem Blinden das Augenlicht wiedergeben kann. In einigen Fällen, in denen die Sehkraft völlig unvermittelt wieder eingetreten ist, waren die Glücklichen fast zu überwältigt von der kaum glaublichen Wende ihres Schicksals. Es sind, wie mir Gröning berichtet, einzelne dabei, die blind geboren wurden und denen die ganze Erscheinungswelt erst erklärt werden muss.

Zumeist freilich erfordert gerade die Heilung eines Blinden geraume Zeit. Mit flatternden Bewegungen der Hand über dem Kopf des Blinden regt Gröning zunächst das dem Auge zugehörige Nervensystem an, um dann schließlich, mit einer ziehenden Bewegung vom Auge weg, einen besonders starken belebenden Einfluss auszuüben. Bei der ersten Behandlung wird zuweilen kaum mehr erreicht, als ein Wärmegefühl und Ziehen im Auge. Bei einem Patienten - er kam ohne Namensangabe aus der Ostzone - konnte ich an einem Tage einen erheblichen Teil der Heilung beobachten. Der Erblindete konnte nach der ersten Einwirkung der Heilkraft hell und dunkel unterscheiden. In Abwesenheit Grönings verschärfte sich langsam die Sehfähigkeit. Nach einigen Stunden konnte er im nächsten Umkreis schattenhaft seine Umwelt erkennen. Bis zum Abend hatte sich der Gesichtskreis schon so sehr erweitert, dass er in einem größeren Raum die anwesenden Personen zu zählen und größere Gegenstände zu zeigen vermochte. Einzelheiten aber konnte er noch nicht unterscheiden. Wenn der Patient einmal so weit gekommen ist, erzielt Gröning dann auch meistens den vollen Erfolg. Eine Blinde erreichte an einem Tage eine ziemlich gute Sehfähigkeit, jedoch erschien ihr die ganze Welt nur in schwarz-weiß, ähnlich einer Fotografie. Am nächsten Tage

aber entwickelten sich auch die Farbeindrücke. Wenn ein Blinder noch nie in seinem Leben gesehen hat, regt Gröning nach dem ersten Stadium der Heilung an, elektrische Beleuchtungskörper an verschiedenen Stellen des Zimmers ein- und auszuschalten, um dem Rekonvaleszenten die ersten Vorstellungen von Raum und Entfernungen zu vermitteln. Für die Heilungsaussichten Blinder scheint es sehr bedeutsam zu sein, worauf der Verlust der Sehkraft zurückzuführen ist. Ein Lieblingsgedanke Grönings ist es, einmal in einer Heilstätte nur Blinde zusammenzufassen und sich gerade ihnen besonders gründlich zu widmen.

Auf einem Gutshof westlich von München glaubten wir Gröning einige ruhige Stunden verschaffen zu können. Am Abend freilich fanden sich auch dort alle zusammen, die auf dem Hof und in seiner unmittelbaren Nachbarschaft der Hilfe bedurften. Gröning, der eine unaufschiebbare Besprechung zum Abschluss zu bringen hatte, schickte starke Heilwellen in den Nebenraum, in dem die Kranken versammelt waren, und beauftragte Frau Hülsmann, den Hilfesuchenden die üblichen Verhaltungsmaßregeln zu geben. Grönings Mitarbeiterin, der er, wie bereits erwähnt, die Fähigkeit übertragen hat, die Schmerzen jeweils zu empfinden und zu benennen, die Gröning von den Kranken auf sie projiziert, ist deshalb ganz besonders geeignet, das Wechselgespräch mit ihnen zu führen, weil sie besser als diese selbst weiß, worauf es in jedem Augenblick bei ihnen ankommt. So hatte sie sogleich festgestellt, dass alle Anwesenden bis auf einen, der völlig unempfindlich blieb, die Heilwelle empfangen hatten. Sie erklärte den Kranken, wie sie sich verhalten sollten, um die heilende Kraft in sich zu bewahren und zu entwickeln, und stellte abschließend die Frage, wer nun noch Schmerzen empfinde. Es meldete sich eine Frau, die zuvor heftig über rheumatische Beschwerden geklagt hatte. Frau Hülsmann machte sie darauf aufmerksam, dass die Regelungsschmerzen sehr intensiv sein können und fragte nachdrücklichst, ob die Schmerzempfindung nicht eine andere sei als zuvor. Die Befragte war aber vorerst außerstande, sich selbst genau zu beobachten und die Empfindungsveränderung festzustellen, die Grönings Mitarbeiterin schon längst kontrolliert hatte. Und nun begab sich, wohl nur durch den ständigen Kontakt Grönings mit seiner Helferin erklärbar, folgendes: Auf die Worte: „Zum Vergleich gebe ich Ihnen jetzt wieder Ihre alten Schmerzen" begann sich die Frau unter ihrem nur allzu wohlbekannten rheumatischen Leiden zu krümmen. Nun wusste sie genau, dass sie zuvor tatsächlich bereits die Umstellung empfunden hatte. Ebenso rasch vermochte Frau Hülsmann, den Vorgang wieder umzukehren und der Frau das Rheuma wieder abzunehmen.

Der ganze Vorgang war so unglaublich und verblüffend, dass der Beobachter kaum seinen Wahrnehmungen traute. Dennoch halte ich Hypnose und Suggestion für vollständig ausgeschlossen. Alles hatte sich in einem ungezwungenen Gespräch bei heller Beleuchtung abgespielt, ohne jegliche suggestive Begleiterscheinung.

Vom 18. bis 20. Oktober 1949 begleitete ich Gröning nach Frankfurt. Sein Aufenthalt im Salzhof blieb nicht lange geheim. Auf Treppen und Fluren standen die Hilfesuchenden Kopf an Kopf. Ich holte dabei ein etwa 8- bis 10-jähriges Mädchen aus dem gefährlichen Gedränge heraus. Es hatte eine kleine Narbe an der Backe. „Für kosmetische Reparaturen ist Herr Gröning

aber nicht da", wurde mir mit drohender Empörung aus der Menge der Wartenden zugerufen. Ich erwiderte, ich wolle das Kind nur davor bewahren, über das Treppengeländer gedrückt zu werden, und im Übrigen solle man es Gröning überlassen, festzustellen, was ihm fehle. Ich selbst hatte davon keine Ahnung und das Kind zeigte auch keine äußeren Spuren irgendeines Leidens. Doch Gröning stellte unverzüglich fest: „Das Kind hat einen Schädelbruch gehabt, dabei ist der Nerv hier (wobei er bei sich selbst die Stelle an der linken Schädelseite anzeigte) beschädigt worden." Er gab mir dann die Weisung, den Mittelfinger der linken Hand an die bestimmte Stelle der linken Schädelseite (bei mir) anzulegen. Ich musste die Stellung einige Male um Millimeter verändern, ehe er sie für richtig befand und mir sagte, ich solle nun den Finger fest angedrückt dort belassen. Das Mädchen selbst hatte diesen Vorgang nicht beachtet, denn es gab in dem Raum viel zu viel des Interessanten zu sehen (Rundfunkübertragungsgerät usw.). Nach kurzer Frist fragt Gröning das Kind: „Spürst Du jetzt etwas?" Das Kind: „Der Kopf wird mir so heiß!" Gröning: „Und was weiter?" Das Kind: „An einer Stelle am Kopf sticht es so." Dabei wies es an seinem Kopf genau auf dieselbe Stelle, an der ich bei mir den Finger angedrückt hatte, den ich nach Grönings Angabe noch etwas länger dort lassen musste. Nach wenigen Minuten war die Behandlung abgeschlossen. Ich brachte das Kind wieder hinaus, suchte die Mutter, befragte sie, was dem Kind gefehlt habe. Die Antwort war: Es habe einen Schädelbruch gehabt, vor zwei Jahren sei es von der Schaukel gestürzt. Ich habe bei dem Vorgang an mir selbst nichts verspürt.

Am späten Abend des gleichen Tages waren in einem Zimmer noch acht Kranke mit

Begleitpersonen versammelt. Gröning bat mich, Zettel mit den Nummern 1 bis 8 zu beschreiben. Ein Kollege sollte sie (ohne dass ich das Zimmer nochmals betrat) an die Kranken verteilen. Einzige Bedingung: dass jeder seinen Zettel in der Hand behält. Weder Gröning noch Frau Hülsmann hatten das Zimmer betreten. Gröning bat nun seine Mitarbeiterin, die Krankheitsbilder (den Ausdruck Diagnosen benützt er nicht) aufzunehmen und zu diktieren. Es beschleicht einen wieder das fast ans Unheimliche grenzende Gefühl, als jetzt Frau Hülsmann, ohne je die Kranken vor sich gesehen zu haben, deren Schmerzen empfindet und ruhig und sachlich das Ergebnis diktiert. Nr. 1 und 2 liefen glatt ab. Bei Nr. 3 ergaben sich Komplikationen. „Da komme ich nicht durch", sagte Frau Hülsmann.: Ich schickte einen Unbeteiligten auf Erkundung: Nr. 3 hatte seinen Zettel der Begleitperson in die Hand gedrückt. Als der Kranke ihn wieder selbst in Händen hielt, bereitete auch sein Krankheitsbild keine Schwierigkeiten mehr, und so ging es weiter bis zu Nr. 8.

Als wir danach die Kranken besuchten, konnten wir feststellen, dass alle acht Krankheitsbilder genau der Wirklichkeit entsprachen. Alle hatten inzwischen auch „Strom empfangen". Mit sofortigen Spontanheilungen war bei der Schwere dieser Fälle nicht zu rechnen. Einige Einzelheiten aus den Krankheitsgeschichten zeigten deutlich, um welche komplizierten Dinge es sich dabei handelte - mit keiner noch so geschickten Kombination hätte man darauf kommen können, was den acht Kranken fehlte. Nur ein unerklärlicher Einblick in ihr Inneres war dazu imstande. Die Fern-Aufnahme von Krankheitsbildern durch Mittelspersonen gehört zu den eigenartigsten Vorgängen um Gröning.

Um die Jahreswende 1950 weilte Gröning auf der Nordseeinsel Wangerooge, Frau Hülsmann war bei uns in Gräfelfing, ihr Sohn Dieter bei Bekannten im Gebirge. Da der Junge plötzlich erkrankte, bat sie Gröning telefonisch um Fernheilung. Seine Antwort lautete, sie solle sich „einschalten", das Krankheitsbild des Sohnes aufnehmen, dann Heilung verlangen und schließlich deren Verlauf kontrollieren. Frau Hülsmann hängte ein. Wenige Minuten später stellten sich bei ihr sehr erhebliche Magenschmerzen und nacheinander alle Krankheitsvorgänge ihres Kindes ein. Als sie der Auffassung sein konnte, das gesamte Krankheitsbild erhalten zu haben, bat sie um Heilung und verspürte sogleich die Empfindungen eines heftigen Erbrechens, bis dann langsam die Schmerzen nachließen und sie die Empfindung hatte, dass der Junge einschlief. Grönings Kraft hatte offensichtlich die Heilung bewirkt und dabei die räumliche Entfernung zwischen den drei beteiligten Personen so vollständig überbrückt, als ob sie gleichzeitig in einem Raume gegenwärtig gewesen wären. Es war mir dabei aufgefallen, dass Frau Hülsmann ihre Armbanduhr abgelegt hatte. Meine Frage danach beantwortete sie: Je weiter die Entfernung zwischen dem Kranken, dessen Diagnose sie aufnehmen soll und ihr selbst ist, desto stärker (!) prallen die Stromwellen, die ihr all diese Eindrücke vermitteln, bei ihr auf - zuweilen mit einer' Intensität, dass eine sehr feine Uhr Schäden an der Feder erleidet, größere Uhren immerhin erhebliche Anomalien zeigen. Man könnte dabei an einen Vergleich mit dem Echo-Lot denken, da offensichtlich Gröning zuerst die „anpeilende" Strahlung zu dem Kranken entsendet, die dann die Empfindungen des Patienten zum Ausgangspunkt (oder auch zu der eingeschalteten Kontrollperson) zurückbringt, wonach sich das Gleiche mit der Heilwelle wiederholt. Zuweilen glaubt Frau Hülsmann, dass sozusagen eine „Verstärkung" eingeschaltet sei, da sie die Empfindungen oft intensiver spürt wie die Kranken selbst. Der Vorgang ist indessen durchaus nicht immer der gleiche. Gröning kann, wie in dem zuvor erwähnten Frankfurter Fall, Frau Hülsmann auch gleichzeitig die Krankheitsempfindungen mehrerer Heilungssuchender eingeben und sich selbst anderen Arbeiten zuwenden. Die Diagnosen laufen dann bei Frau Hülsmann hintereinander ab.

Eine der bemerkenswertesten Ferndiagnosen schildert Frau Hülsmann folgendermaßen: Gröning hatte eine alte Dame behandelt, die zwar von verschiedenen Leiden geplagt war, jedoch fraglos auch ihren Beschwerden zu große Bedeutung beimaß - eine Eigenschaft; die sie zum Schrecken aller Ärzte von H. machte. Selbstverständlich erschien sie auch bei Gröning, der jedoch gleich die Hauptschwierigkeit einer Heilung in den ständigen ungläubigen Zweifeln der alten Dame sah. Er erklärte nun Frau Hülsmann, jedes Mal, wenn die Patientin zweifle (in Gedanken oder praktisch durch die gleichzeitige Anwendung unzuträglicher Medikamente) werde sie „kurz aufgeblendet" die jeweiligen Empfindungen der Patientin zu spüren bekommen. In der Tat waren die darauffolgenden Tage reich an solchen, immer wieder auftretenden plötzlichen Schmerzeindrücken, bis Frau Hülsmann selbst darum bat, sie von dieser Plage wieder zu befreien. Gröning erklärte endlich, die Patientin nicht heilen zu können, weil sie durch ihre Ungläubigkeit und durch gegenteilige Maßnahmen selbst die Umkehr ihres Gesundheitszustandes verhindere.

Ein Freund hatte mir einige nicht genauer bezeichnete Tabletten - letzte Errungenschaft der Arzneimittelindustrie eines auf diesem Gebiet sehr fortgeschrittenen Landes! - mitgebracht, mit denen ich eine bis dahin fast mit Sicherheit tödliche Form der Nervenstaupe bei Hunden, sogar ohne sichtbare Nachwirkungen, ausheilen konnte. Meine Familie und ich haben in einigen ernsteren Krankheitsfällen (schwere Grippe, Anfänge einer Blutvergiftung) diese entgiftenden Tabletten auch selbst mit prompter Wirkung eingenommen. Ganz behaglich war es uns dabei trotz des sichtbaren Erfolges nicht, denn einige Anzeichen wiesen darauf hin, dass die Anwendung dieses Medikamentes doch ein sehr harter Eingriff in den Organismus ist. Gröning nahm ein paar Tabletten in die Hand und bat Frau Hülsmann „aufzunehmen". Sie empfand sehr rasch Schmerzen am Herzen und am Magen und eine Benommenheit im Kopf („Mattscheibe"), und sogar ich selbst spürte gleichzeitig die Wirkung am Magen, obwohl Gröning mich wegen zu lebhafter fragender Gedanken für völlig ungeeignet zum Aufnehmen erklärt hat. Anschließend an diesen Versuch wünschte er noch „Kontrollaufnahmen", wie die Auswirkungen des Medikamentes nach längeren Zeitabständen fühlbar seien. „Im Kopf und im Magen vergeht die Wirkung, am Herzen bleibt eine nachhaltige Schädigung", urteilt seine Mitarbeiterin. Was Frau Hülsmann beschrieb, das entspricht in der Tat genau den Beobachtungen, die wir selbst mit dem ausländischen Medikament gemacht hatten, das zwar auch in den ernstesten Krankheitsfällen äußerst durchschlagend, aber keineswegs harmlos ist. Wie aber hatte Gröning dies, ohne von der Wirkung dieser Tabletten irgendetwas zu wissen, so genau erkennen und auf seine Umwelt projizieren können? Ein ungelöstes Rätsel mehr!

Wenig später hatte ich nochmals Gelegenheit, einen ähnlichen Vorgang zu beobachten. Gröning behandelte ein Mädchen, das infolge der Schockwirkung eines Luftangriffes seither an schweren Gehirnkrämpfen litt. Die Mutter brachte schließlich eine Flasche zum Vorschein, die ein Medikament enthielt, das ihr ein Naturheilkundiger für das Kind gegeben habe, und fragte, ob dieses Mittel weiter angewandt werden dürfe. Gröning stellte die Flasche auf den Tisch und wandte sich an Frau Hülsmann: „Ich gebe Ihnen jetzt den ersten Löffel des Medikamentes ein." Frau Hülsmann spürte sofort eine schwere Benommenheit im Kopf und Schmerzen am Herzen. Nach dem „zweiten Löffel" konnte sie gerade noch die Worte sagen, „Ich kann keinen klaren Gedanken mehr fassen." Dann hielt sie sich schwankend an der Tischkante fest, Gröning verzichtete auf weitere Proben, nahm die Flasche zur Hand und las den Anwesenden vor: „Täglich 6 mal ein Esslöffel voll."

Auf einer Pressekonferenz wurde Gröning die Frage gestellt: „Können Sie auch Tiere heilen?" Er, der ein großer Tierfreund ist, bejahte mit dem Hinweis, er könne alles heilen, was Gott mit Leben begabt habe (übrigens auch Pflanzen). In einem anderen Gespräch wies er darauf hin, dass es für ihn viel leichter sei, Tiere als Menschen zu heilen, weil die Tiere seiner Einwirkung keine geistigen Widerstände entgegenstellen.

Unsere Sennen Hunde und Dackel fassten sofort Zutrauen zu ihm, reagierten sichtbar auf seine Berührung, hatten aber dem Unbekannten gegenüber doch eine gewisse Scheu. Der große Rüde, der als Folge einer schweren Nervenstaupe auf der Hinterhand etwas lahmte, empfand offenbar sofort Umstellungsschmerzen, da er nach

kurzer Frist ängstlich wurde. Am Tage darauf konnte er kaum laufen. Seine Beine waren steif, als ob sie aus Holz wären. Er knickte dann vollends zusammen und wollte nur noch liegen. Am übernächsten Tage waren alle Beschwerden verschwunden. Der Hund hinkt nicht mehr, läuft vollständig normal und wirkt in seinem ganzen Benehmen verjüngt. Das Fell glänzt wieder - ein Zeichen von Gesundheit. Dass er wieder rennt und spielt, lässt erkennen, dass er bei raschen Bewegungen keine Schmerzempfindungen mehr hat.

Als Gröning mehrere Wochen später wiederkam, erinnerte sich der Hund' wahrscheinlich an die Umstellungsschmerzen und zog sich, mit krummem Rücken und schiefem Kopf zu ihm hinauf schielend, zurück. Die „Nachbehandlung" muss aber sehr wohltuend gewesen sein. Asso legte sich zu Grönings Füßen und nahm den Heilstrom mit Wohlbehagen in sich auf. Zuweilen nieste er dabei. Dann legte er sich auf die Seite und ermunterte Gröning mit lebhaften Bewegungen der Vorderpfoten, die Behandlung fortzusetzen. Das Gefühl muss, dem Benehmen des Hundes nach zu schließen, Ähnlichkeit mit dem beliebten Kraulen gehabt haben. Seither sind wiederum Wochen vergangen. Die vollständige Heilung des Hundes von den Spätfolgen der Nervenstaupe, die fraglos in einem sehr schweren Nervenschaden bestanden haben, hat ohne Rückfall angehalten.

Nur ein einziges Mal habe ich es erlebt, dass Gröning eine abseits der Heilungen liegende Anwendung seiner Kraft vor Augen führte. Der Frankfurter Rundfunksender hatte einige Mitarbeiter geschickt, die ein Interview mit ihm auf Magnetofonband·aufnehmen sollten. Das Gerät war aufgestellt, der Techniker hatte sich überzeugt, dass es fertig zur Aufnahme war.

Gröning stand mehrere Meter davon entfernt; auch sonst berührte es niemand. Da wandte er sich mit der Frage an den Aufnahmeleiter, ob der Apparat auch funktioniere. Der bejahte die Frage, warf aber trotzdem noch einen prüfenden Blick auf das Gerät. Es stand still: Gröning hatte es - wodurch war uns allen unerklärbar - abgestellt und ließ es schließlich, ohne dass er selbst oder eine andere Person es berührt hätte, wieder anlaufen.

Die Frage ist wohl berechtigt, ob Grönings Gegner auch einem technischen Apparat zutrauen werden, dass er sich hypnotisieren lasse oder einer Suggestion erliege?

Diese ungewöhnliche Probe, die zumindest bewies, dass Grönings „Strahlungsfeld" - oder wie immer man es nennen will - auch auf unbelebte Gegenstände, also unabhängig von einer „seelischen Empfänglichkeit" wirkt, blieb bisher das einzige „Experiment", das ich von ihm sah. Die Bitte um solche „Proben" lehnt er sonst schroff ab. Nur dann und wann einmal gibt er einem Kreis von an sich gutwilligen Menschen solche kleine „Hilfen", weil sie unbedingt etwas sehen müssen, um glauben zu können.

Schwierig und auch im besten Falle nur teilweise zu beobachten sind die Massenheilungen. Die weit über die eigentliche Krankheitsheilung hinausgehenden seelischen Auswirkungen dieser Zusammenkünfte werden an anderer Stelle dargelegt. Der Erfolg der Massenheilungen ist auch von jenen Kreisen der Fachmedizin bestritten worden, die allenfalls bereit waren, Grönings Erfolge bei der Einzelbehandlung von Patienten anzuerkennen. Ohne die Gefahren zu verkennen, die größere Ansammlungen von Kranken immer mit sich bringen, möchte ich dennoch die Auffassung vertreten, dass Gröning imstande ist,

auch eine sehr große Zahl von Heilungssuchenden gleichzeitig in sein Kraftfeld einzubeziehen. Was geht bei einer solchen Massenheilung vor sich?

Zunächst einmal steigert sich fraglos in der wartenden Menge, in der oft längere Zeit hindurch die Hoffnungen und Berichte über bekannte Erfolge besprochen werden, eine gläubige, empfangsbereite Stimmung. Die „intellektuelle Überlagerung" des Unterbewusstseins, die oftmals bei einer Einzelbehandlung so große Schwierigkeiten bereitet (wenn nämlich der Patient zu individuell die Geschehnisse in seiner Umgebung beobachtet und sich zu sehr auf seinen speziellen Fall einstellt), spielt bei der großen Versammlung eine geringere Rolle.

Den Kranken meist unsichtbar, arbeitet Gröning schon geraume Zeit seinem persönlichen Erscheinen voraus. Niemand darf ihn dabei stören, insbesondere nicht hinter ihm stehen. Mit einem aufs Äußerste angespannten Gesichtsausdruck, in dem sich das unendliche Leiden spiegelt, das er in seine Gedanken aufnimmt, steht er dann unbeweglich hinter der geöffneten Tür zum Balkon. Er analysiert die Leiden der Kranken und ordnet sie, wie er mir sagt, in Gruppen, die an ähnlichen Erkrankungen leiden. Danach richtet er die Heilwellen aus, die er aussendet. Wer in solchen Augenblicken in seiner Nähe steht, fühlt den „Strom" fast zu intensiv. Erst wenn diese „Vorbehandlung" der Versammelten erfolgt ist, tritt Gröning vor die Menge und macht sie in kurzen Ansprachen mit jenen Glaubensfragen vertraut, die mit seinen Heilungen untrennbar verbunden sind. (Vergl. hierzu im Anhang den Wortlaut einer solchen Ansprache.). In seine Ansprache schaltet er eine oder mehrere Pausen ein, während deren er durch starke Heilwellen auf die Kranken einwirkt. Er macht sie immer wieder darauf aufmerksam, wie sie sich dabei verhalten sollen, weil schließlich auch für den Empfang einer Heilwelle nicht nur ein starker „Sender", sondern auch ein feiner, auf diese Welle abgestimmter „Empfänger" erforderlich ist.

Es ist verhältnismäßig selten, dass ein Teilnehmer einer solchen Versammlung von der Heilwelle nichts verspürt. Sehr viele werden schon an Ort und Stelle ihre akuten Schmerzen los. Bei anderen wiederum arbeitet die Kraft, wenn sie diese gläubig in sich bewahren, dauernd weiter und bewirkt sogar sehr langfristige organische Veränderungen. In vielen Fällen treten sofortige Heilwirkungen auf, von denen natürlich in erster Linie solche bekannt werden, die unmittelbar auch für die Umstehenden sichtbar sind. Fast bei jeder. Massenheilung werden mehrere, oft sogar viele Gelähmte so intensiv von dem „Strom" beeinflusst, dass sie sich aus dem Krankenwagen erheben oder ihre Krücken wegwerfen können. In einzelnen Fällen sind sogar Blinde unvermittelt wieder sehend geworden. Diese Spontanheilungen wiederum sind von einer außerordentlichen Bedeutung für jene andern Heilungssuchenden, bei denen die Wirkung sich erst langsam vorbereitet. Ihr Glauben, Hilfe zu finden, wird gefestigt und gegen alle Anfechtungen ungläubiger Zweifler gestärkt.

Konkrete Berichte über solche Wandlungen im Befinden von Patienten, die mit Erfolg an Massenheilungen teilgenommen haben, sind erstaunlicherweise selten. Frau L., die Gattin eines Kollegen (im Presseberuf erfahren genug, um zu wissen, worauf es ankommt), gab mir darüber einen äußerst lebendigen Bericht: Ihr rechter Arm war gelähmt. Fast ein halbes Jahr lang stand sie in klinischer Behandlung wegen „Plexus Neuritis brachialis links, Periarthritis climax mit Versteifung des linken Schultergelenkes", ohne dass ihr Bäder, Einspritzungen und Bestrahlungen geholfen hätten. Inmitten der Versammlung von Kranken war sie so sehr im Banne der erstaunlichen Spontanheilung eines gelähmten Kindes, die sich in ihrer nächsten Nähe vollzog, dass sie auf ihr eigenes Leiden überhaupt nicht mehr achtete. Ganz plötzlich machte sie dann, von einem freudigen Schreck erfasst, die Wahrnehmung, dass das störende Schweregefühl in dem gelähmten Arm verschwunden war. Noch immer zögernd suchte sie den Arm zu heben. Es gelang ohne Schmerzen und Anstrengung. Wenige Minuten später konnte sie ihn frei bewegen wie vor der Erkrankung - und daran hat sich auch später nichts mehr geändert.

Bei der großen Heilung am 9. September stand unmittelbar unter dem Balkon ein Russland-Heimkehrer, der infolge körperlicher Misshandlungen die Sprache verloren hatte. Es war, als Gröning sprach, deutlich zu sehen, wie sehr er darum rang, seine Sprachlähmung zu überwinden. Es gelang ihm nicht. Viel später noch stand er unbeweglich auf seinem Platz und starrte zu dem Balkon empor. Da endlich - etwa drei Stunden danach - hörten wir einen Ruf „Tausendmal vergelt's Gott dem Herrn Gröning!" Dazu freudigen Beifall aus der Menge. Der Heimkehrer konnte wieder sprechen. Der Dankesruf waren seine ersten Worte gewesen!

Auf Fahrten durchs Land, die mir ganz anderen beruflichen Zielen dienen, kann ich immer wieder unbekannte Erfolgsberichte von den Massenheilungen sammeln. Da ist ein Bauer, der von einer Leberschwellung geheilt wurde und gesehen hat, wie ein blindes Kind sein Augenlicht erlangte; ein

Bauer, dessen Gehör sich urplötzlich verbesserte; ein Mechaniker, der stetige Schmerzen loswurde, die als Folgeerscheinung einer Kinderlähmung zurückgeblieben waren; ein Asthmatiker, der plötzlich tief durchatmen konnte und nun schon seit Wochen frei von allen Beschwerden ist. Sehr viele Menschen, die von allerhand Neurosen, Neuralgien und Rheuma geplagt waren, haben ihre Leiden verloren. Es ist erstaunlich, wie viele Heilungen bei den angeblich so wertlosen Massenheilungen zutage treten, wenn man nur ins Volk hineinhorcht.

Auf einer Bahnfahrt hörte meine Tochter den Bericht des Postbeamten F. aus München über die Heilung seiner Frau und stellte durch einige weitere Rückfragen folgenden Tatbestand fest: Frau F. litt im Jahre 1947 an heftigen Gesichtsschmerzen und einer Mandelgeschwulst. Ihr Arzt verordnete ihr warme Umschläge. Da die Schmerzen nicht nachließen, versuchte sie es auf eigenes Risiko mit kalten Umschlägen, was nun freilich genau das Verkehrte war: Offenbar wurden dadurch Nerven „geschreckt". Der Gesichtsmuskel war unvermittelt gelähmt. Die Frau hatte nicht nur ein „schiefes" Gesicht, sondern erfuhr eine so starke Gesichtsverzerrung, dass sie nur unter großen Schwierigkeiten Nahrung aufnehmen konnte. Die Ärzte versuchten dem Leiden auf verschiedenste Weise beizukommen, erreichten jedoch nichts als dann und wann eine vorübergehende Linderung. Frau F. nahm eines Samstags Mittag an einer der Massenheilungen vor dem Traberhof teil. Sie stand unmittelbar unter dem Balkon, von dem aus Gröning zu den Kranken sprach. Sie rief die Bitte - hinauf, sie nur einmal anzusehen - das würde ihr wohl schon helfen. Er erfüllte diese Bitte. Unmittelbar darauf empfand sie einen furchtbaren Schmerz, ganz ähnlich wie bei der Lähmung vor zwei Jahren. Ihren Schreck beschwichtigte Gröning noch mit der Bemerkung, es handele sich dabei nur um einen Regelungsschmerz. Ein paar Minuten später rief ihr ihre Schwägerin zu: „Du siehst ja wieder aus wie früher!" Die Lähmung war verschwunden und blieb verschwunden. Schmerzen traten nicht mehr auf. Im Spiegel einer Personenwaage auf dem Rosenheimer Bahnhof bestaunte sie ihr neues Gesicht.

Bei der großen Massenheilung (9. September) entdeckte im unter der Menge Amalie B., eine einfache, von jeglichen Vorurteilen freie Frau, die in G. da und dort als Haushaltshilfe gearbeitet hatte. Seit langer Zeit war ihr Gesundheitszustand völlig zerrüttet. Ihr abgezehrtes, gelbes Gesicht fiel weithin auf. Sie wartete und es war deutlich, wie sie von der Gläubigkeit der Menge erfasst war und wie es „in ihr arbeitete", als Gröning zu den Hilfesuchenden sprach, Sie beschrieb mir später ihren Eindruck: „... ich war mit Gelbsucht gekommen. Ich hatte das Gefühl, dass die Krankheit in den Boden hinunter abzieht. Bis auf einen Rest Gelbsucht in den Fingern war alles fort. Aber wir mussten zu sehr eilen. Unser Omnibus fuhr heim." Auch ihr allgemeiner Gesundheitszustand besserte sich zusehends; später einmal hatte sie freilich die Möglichkeit, direkt zu Gröning zu kommen, sodass nicht mehr festzustellen ist, inwieweit der heute ganz offensichtliche Erfolg auf die Teilnahme an der Massenheilung zurückzuführen ist. Frau B. fühlt sich so sehr wieder hergestellt und gekräftigt, dass sie glaubt, bald wieder arbeiten zu können.

Durch Zufall wurde mir die Geschichte der Flüchtlingsfamilie St. aus einem Vorort von München bekannt, bei der sich nach allem Furchtbaren, das sie bei der Vertreibung aus der Heimat erlebte, allerhand Beschwerden eingestellt hatten. Man kann nicht sagen, dass es sich hier um psychische Erkrankungen handelte, aber möglicherweise haben seelische Störungen das Krankheitsbild beeinflusst. Frau St. hörte am Rundfunk das Interview mit Gröning. Sie fühlte sich von den Gedanken, die sie hörte, zutiefst angesprochen. Noch in der gleichen Nacht spürte sie, wie die bisher unaufhörlichen Schmerzen eines Magenleidens zurückgingen und schließlich ganz verschwanden. Frau St. hat seither keines der sonst alltäglich mehrmals eingenommenen Medikamente mehr angerührt und fühlt sich dabei ausgezeichnet wohl. Durch diese „wunderbare" Heilung angeregt, machten sich ihre Mutter und ihre Schwester auf den Weg zum Traberhof und nahmen dort an der großen Massenheilung vom 9. September teil. Dass sie dabei schon in gläubiger Stimmung waren, sei hervorgehoben. In einem Augenblick, da sie gar nicht mehr an ihr eigenes Leiden dachten, sondern erregt eine andere Heilung miterlebten, merkten sie unvermittelt, dass auch ihre Schmerzen verschwunden waren; ein ähnlicher Vorgang wie bei der Heilung von Frau L. Bei der jungen Frau schärfte sich die bis dahin unaufhaltsam geschwundene Sehkraft, und sie verlor eine Gelenkentzündung im Oberarm; die Mutter war von schmerzhaften Thrombosen in den Beinen geheilt; sie braucht seither die Beine nicht mehr zu bandagieren und läuft ohne Beschwerden. Als Gröning, wie stets bei den großen Heilungen, den Anwesenden mitteilte, sie könnten auch für ihre abwesenden, kranken Angehörigen die Gesundheit empfangen, dachte Frau St. intensiv an ihren Mann, der mit einem schweren Ischiasleiden zu Hause im Geschäft geblieben war. Genau zu dieser Stunde begann der Mann (etwa 80 km entfernt) veränderte Schmerzen

und eine Art „Rumoren" in seinem Körper zu fühlen, die rasch wieder abklangen. Das Ischiasleiden aber war verschwunden. Der Vollständigkeit halber sei erwähnt, dass Herr St., der Mann der zweiten jungen Frau, für dessen Heilung auch eine Fürbitte an Gröning gerichtet worden war, nichts verspürt hat. Dennoch: In einer Familie wurden von fünf Kranken vier geheilt; davon eine aufgrund des Anhörens eines Funkinterviews und einer durch ausgesprochene Fernheilung ohne eigene, intensivere gedankliche Einstellung auf Gröning.

Warum bleiben nun solche offensichtlichen Erfolge unbekannt, oder warum ist es wenigstens äußerst schwer, konkrete Berichte darüber zu erhalten? Ich konnte hauptsächlich zwei Gründe dafür feststellen. Der eine ist in der unverkennbaren Vertrauenskrise der Medizin zu suchen. Die meisten Geheilten waren nicht nur bei einem, sondern bei mehreren Ärzten, viele bei vielen in Behandlung gewesen. Meist mit wenig Erfolg. Sie haben nun aus manchen Aufsätzen von Medizinern den Eindruck gewonnen, dass die Schulmedizin Gröning ablehne. Und deshalb lassen sie sich bei keinem Arzt zur Nachuntersuchung blicken, nicht nur weil sie es für eine überflüssige Ausgabe halten, sondern auch aus Furcht, durch Zweifel und Ablehnung in ihrer Gesundung beeinträchtigt zu werden. Außerdem liegen bei sehr vielen Kranken keine Voruntersuchungsergebnisse jüngeren Datums vor. Sie sind vielfach jahrelang bei keinem Arzt mehr gewesen und haben sich nur mit Schmerzbetäubungsmitteln geholfen.

Im Stillen aber wirken die Geheilten weithin im Lande als Zeugen für Gröning. Es ist selbst für seine Freunde erstaunlich festzustellen, wie stark und unerschütterlich der Glaube an seine Kraft im Volk gegründet ist. Der andere Grund ist nicht gerade schön, aber menschlich verständlich. Sehr viele Geheilte haben bisher aufgrund ihres Leidens eine bescheidene Rente oder sonstige Zuwendungen bezogen bzw. Erleichterungen genossen. In dem Augenblick, in dem sie durch ein ärztliches Zeugnis ihre Heilung bestätigen lassen, laufen sie Gefahr, diese kleinen Vorteile zu verlieren. Und damit eilt es ihnen meist nicht allzu sehr. Sie sind deshalb froh, dass ihr selbstloser Helfer nicht einmal nach ihren Namen fragt.

Zauberschlüssel, Wunschringe und andere wundertätige Gegenstände spielen in den Sagen und Mythen fast aller Völker eine Rolle. Spiegelt sich darin eine Ur-Erinnerung an ein Zeitalter, in dem die Verbindung der Menschheit zu Kräften, die uns heute unbekannt sind, lebendiger war als in unserer materialistischen Gegenwart? Wenn Gröning vom Balkon des Traberhofes zu den Heilungssuchenden sprach, wurden ihm immer wieder Kreuze, Ringe, Rosenkränze, Schmuckstücke aller Art - eingewickelt in oftmals rührende Bittbriefe - heraufgeworfen: er solle sie berühren, meist als Talisman für einen kranken Angehörigen. Die Schwierigkeit, diese Gegenstände wieder in die richtigen Hände zurückzuleiten, war oft beträchtlich. So bat denn Gröning unlängst alle Anwesenden, die sich einen angesprochenen Gegenstand wünschen, ihn in der rechten Hand hochzuhalten: er werde dann in diese Dinge die heilende Kraft einströmen lassen. Allzu aufgeklärte Menschen werden darüber lächeln. Wer indessen die paar hundert Menschen überblickte, die sich in der klaren Herbstnacht heilungssuchend zusammengefunden hatten und nun einen Ring vom Finger zogen, irgendeine kleine Kostbarkeit aus den Taschen nestelten und sie mit dem innigen Gedanken an ihre

kranken, hilfsbedürftigen Lieben emporhoben, -- wer das sah, dem wurde der Glaube nicht schwer, dass allein so vielen sorgenden, guten Gedanken ein Segen innewohnen wird. Gröning konzentrierte sich mit großer Eindringlichkeit auf den Vorgang und entließ die Versammelten mit der Versicherung, dass die Gegenstände, die er eben angesprochen habe, genau die gleichen heilenden Wirkungen entfalten würden wie die bekannten Staniolkugeln, die er in der Hand hält, bevor er sie einem Kranken zuspricht.

Der Journalist Robert Hagen ist dieser Angelegenheit in einem genau kontrollierbaren Falle nachgegangen und erlebte dabei eine seltsame Geschichte, über die er Folgendes berichtet: „Seit etwa 15 Jahren hatte Frau B. ein Blasenleiden, das ihr schwer zu schaffen machte und von Ärzten als unheilbar erklärt wurde. Sie stand unter der Menge vor dem Traberhof, während Gröning die Menschen aufforderte, einen Gegenstand in die rechte Hand zu nehmen. Frau B. nahm einen Schlüssel. Im selben Augenblick hatte sie das Gefühl, als würde der Schlüssel warm, ganz warm, und ein Schmerz durchfuhr sie, der genau dem ihrer akuten Erkrankung vor 15 Jahren vergleichbar war, aber seitdem nie wieder in dieser Heftigkeit aufgetreten ist. Wie betäubt wankte sie nach Hause, zu ihrer alten Tante, die unter starkem Ischias von der rechten Hüfte abwärts litt. Frau B. legte den Schlüssel auf den Fußboden und bat die Tante, den rechten Fuß auf den Schlüssel zu stellen. Und da geschah etwas Unfassbares. Zuerst begann es im Fuß, übertrug sich auf das Bein, dann auch auf den Schenkel, bis die ganze rechte Körperseite wie geschüttelt zitterte und flog. Und dieser Vorgang wiederholte sich, so oft die alte Tante den Fuß auf den Schlüssel stellte. Es erübrigt sich fast, zu erwähnen, dass im selben Augenblick auch die Schmerzen nachließen, die nach wenigen Tagen so herabgemindert waren, dass eine völlige Heilung zu erwarten ist. In der gleichen Nacht legte sich Frau B. den Schlüssel auf den Leib. Sie fiel in einen tiefen, traumlos schweren Schlaf, aus dem sie seltsam gestärkt und fast genesen am Morgen aufwachte." - Hagen ist mir als ruhiger und zuverlässiger Beobachter bekannt, und ich zweifle umso weniger an der Richtigkeit seines Berichtes, als ich von den verschiedensten Seiten Mitteilungen über die segensreichen Wirkungen von angesprochenen Gegenständen erhalte, die den Besitzern nicht unmittelbar von Gröning übergeben, sondern in seinem Auftrag von Dritten überbracht wurden oder - ohne ein bestimmtes Bewusstsein der Bedeutung - von Kindern verwendet werden.

In der Nacht zum 2. Oktober hatte Gröning auf dem Traberhof den zehnjährigen Peter H. behandelt, einen geweckten Jungen, der jedoch häufig unvermittelt von furchtbaren Anfällen geschüttelt wurde. Er lag dabei bewusstlos auf der Seite, röchelte und rang verzweifelt nach Luft. Als wieder ein solcher Anfall einsetzte, konzentrierte sieh Gröning aus einer Entfernung von mehreren Metern auf das leidende Kind. Die Krämpfe hörten sofort auf. Unmittelbar nach der Beeinflussung durch Gröning schlief das Kind fest ein. Die Mutter berichtete, dass der Junge diese Anfälle erstmals im Alter von 2 1/2 Jahren bekommen habe. Sie häuften sich immer mehr. Bei einer Generaluntersuchung im Haunerschen Kinderspital in München wurde eine Gehirndurchleuchtung vorgenommen, die ergab, dass das Kind offensichtlich bei der Geburt mit der Zange am Gehirn, in das dann Blut eindrang, verletzt worden war. An dieser verletzten Stelle, so meinen die

Ärzte, sei dann das Gehirn nicht ausreichend gewachsen und es habe sich Wasser gebildet. Auf der linken Seite fehlt nach der Meinung des untersuchenden Arztes ein ganzes Stück Gehirnmasse. Durch diese Fehlentwicklung sollen die „Krampfanfälle" ausgelöst werden. Nach der Rückkehr nach München bekam das Kind einen leichten Anfall. Am Abend nach der ersten Behandlung rief mich die Mutter an, dass der Junge plötzlich an einer Mandelentzündung mit heftigem Fieber erkrankt sei. Sie befürchtete davon die schlimmsten Rückwirkungen auf den von Gröning erreichten Erfolg, weil die Anfälle bei Fieber sich früher förmlich jagten. Ich riet ihr, die Staniolkugel, die sie für das Kind erhalten habe, unter sein Kopfkissen zu legen. Einige Tage später erhielt im von ihr folgenden ersten Bericht: „...Ich möchte Ihnen mitteilen, dass im dem Jungen die von Herrn Gröning verabreichte Silberkugel Ihrer Anweisung gemäß unters Kopfkissen legte und binnen vier Stunden die Temperatur von 39,5 Grad auf 37,2 Grad herabsank, die Mandel fast ganz abgeschwollen und kaum mehr entzündet ist. Im gab also keine Tabletten, keine Wickel, nichts als heiße Zitronenlimonade, die allein ja nie geholfen hätte bei einer derart akuten Erkrankung. Peter hat zu große Mandeln und hatte während der kalten Jahreszeiten stets Mandelentzündungen mit 39 bis 40 Grad Fieber, die meist drei Wochen dauerten, niemals aber weniger als eine Woche." Etwa 14 Tage später traten wieder Anfälle in Zusammenhang mit einer starken Föhnlage auf. Ende Oktober nahm Gröning eine Fernbehandlung vor. Die Mutter schreibt: „... Am 1. November, abends 21:30 Uhr, vier Anfälle, direkt aneinandergereiht, die nie richtig zum Ausbruch, kamen. Er war ungefähr 3/4 Stunden bewusstlos, stöhnte und litt sehr unter den Krämpfen, bis die Kugel, die ich in meine rechte Hand nahm, mit der linken Peters Puls berührend, das Kind allmählich zur Ruhe kommen ließ. Am nächsten Morgen war der Junge auffallend frisch und lernte wieder prima, was früher auf eine derartige (in der Weise allerdings noch nie da gewesene) Strapaze hin niemals möglich gewesen wäre. - Am 2. November abends und am 3. November früh hatte Peter die letzten Anfälle. Er lernt gut, auch auswendig, was vor unserem Besuch bei Herrn Gröning seit mindestens einem Jahr kaum mehr, zuletzt gar nicht mehr möglich gewesen war." Die Zeitspanne, die seither verstrichen ist, erlaubt noch kein abschließendes Urteil. Aber würden alle, die von Gröning geheilt wurden, so genaue Berichte einsenden wie Frau H., so würde das fraglos viel zur Klärung jener vielschichtigen Sachverhalte beitragen, die sich im Umkreis dieser Heilungen zeigen.

Am eindringlichsten scheinen mir einige Fälle für die Wirksamkeit angesprochener Gegenstände zu sprechen, in denen die Heilungssuchenden Gröning niemals gesehen haben. Ich habe mit voller Absicht die Berichte von Personen ausgewählt, deren kritisches und geschultes Denken mir bekannt ist, die also keinesfalls der Gefahr unterliegen, dass die „silberne Kugel" eine Selbstsuggestion angeregt haben könnte.

Der Brief des Herrn Fritz R. in Gräfelfing (datiert vom 28. 12. 1949) lautet: „Es sind jetzt drei Monate, dass wir, meine Frau und ich, bei Ihnen waren und dass Sie mir eine silberne Kugel aushändigten. Vor 51/2 Jahren musste im mich einer Blasenoperation unterziehen. Kurze Zeit später stellten sich Blasenblutungen ein und es zeigte sich, dass durch die Operation eine große Zahl kleinerer und größerer Äderchen derartig freigelegt worden waren, dass immer wieder welche zum Bersten kamen. Das Übel war zunächst kaum des

Beachtens wert, es nahm aber unaufhörlich an Umfang zu und ich hatte mich mit der Zeit damit abgefunden; dass nie mehr eine Woche ohne Blutungen verging. Der Substanzverlust wurde so augenfällig, und die durch die Blutungen hervorgerufenen Komplikationen arteten immer mehr derart zur Katastrophe aus, dass nach Meinung eines Spezialisten eine Operation nicht mehr zu umgehen sei und schleunigst vorgenommen werden müsste. Nur die Gefährlichkeit dieser Operation und die hohen Kosten veranlassten mich, diese immer wieder hinauszuschieben und in dem furchtbaren Zustand des ununterbrochenen Blutverlustes zu verharren. Welchen Situationen der Verzweiflung ich mich oft gegenübersah, vermag im kaum zu schildern.

Da gaben Sie mir die Silberkugel und wie mit einem Schlag hörten die Blutungen auf. Ich habe die Kugel während dieser ganzen drei Monate Tag und Nacht an der kranken Stelle des Körpers getragen und die Blutungen sind seitdem vollkommen verschwunden. Dies obwohl ich gerade während dieser drei Monate aus beruflichen Gründen täglich etwa eine Stunde auf dem Fahrrad zu sitzen gezwungen war und der Arzt mir das Radfahren grundsätzlich verboten hatte. Nur jetzt, kurz vor den Weihnachtsfeiertagen, nach großen körperlichen und seelischen Anstrengungen, zeigte sich wieder einmal an einem Tag etwas Blut, verschwand aber sofort wieder.

Man ist geneigt, das, was sich hier offenbart, als ein Wunder zu bezeichnen, und ich ermächtige Sie, von diesen Angaben jederzeit Gebrauch zu machen. Der Einwand des skeptischen Wissenschaftlers, dass auch hier nur eine Autosuggestion vorliege, dürfte schon aus dem Grund nicht stichhaltig sein, weil ich im Anfang gar nicht an den Erfolg glauben konnte, da der

Zustand ja die Folge eines gewaltsamen, unnatürlichen Eingriffes war und mit einem seelischen Zustand nichts zu tun hatte ...“

Herr R. suchte mich wenig später auf. Ich hatte ihn während dieser drei Monate nicht gesehen und wäre versucht gewesen, ihn für seinen Sohn anzusprechen, so frisch, gesund und jugendlich war das Aussehen des Mannes geworden, den ich als einen Todkranken in Erinnerung hatte. Die geringfügige Blutung hatte, wie erwartet, keinerlei weitere Rückwirkungen gehabt; sie war tatsächlich nur die Folge einer zu starken körperlichen Überanstrengung gewesen. Meine Frage, welcher Art die nunmehr natürlich völlig überflüssige Operation hätte sein sollen, beantwortete mir Herr R. dahin, dass durch eine Einspritzung ins Rückenmark der gesamte Unterkörper hätte gefühllos gemacht werden müssen, um dann durch einen sehr gefährlichen Eingriff die blutenden Adern zu veröden.

Prof. B. T. in N., in den naturwissenschaftlichen Disziplinen erfahren und geschult, und als unbarmherziger Kritiker alles Unechten gefürchtet, schickte mir den folgenden Bericht:

„Robuste Gesundheit und Abhärtung hatten mich in meinen jüngeren Jahren verleitet, die Widerstandsfähigkeit meines Körpers gegen Unterkühlung aufs Gröbste zu versuchen. Schlafen in offener Alm bis minus 25 Grad, Schwimmen in Schneewasser, Baden in jedem Wintermonat. Mit 30 dehnte ich so ein Halbbad in Eiswasser auf fast 3/4 Stunden aus - anscheinend ohne Schaden. Zwei Jahre später kam der erste Hexenschuss; ihm folgten von Jahr zu Jahr mehr, längere und schlimmere bis zu furchtbaren Zuständen. Lumbago und Ischias waren die ständigen Begleiter der

letzten 27 Jahre. 22 Ärzte im In- und Ausland bemühten sich umsonst; ich kenne alle Schattierungen der Heilkunde bis zu Ultraschall, Gastein und Moor. Von 1945 bis 48 bin ich 28 Wochen gelegen.

Als im Herbst 1949 nach einigen Monaten erträglichen Zustands eben wieder eine Verschlechterung einsetzte, gab mir Dr. Trampler, den ich schon lange als nüchternen Idealisten kenne, eine Staniolkugel. Als ich mich niederlegte - die Not hat mich seit Jahren gezwungen, nichts im Stehen zu schreiben, was sich im Sitzen tun lässt, und nichts im Sitzen zu tun, was man liegend erledigen kann - nahm ich diese Kugel in die rechte Hand und harrte der Dinge, die da kommen sollten. Nichts von dem erwarteten Wärmegefühl im Arm. Plötzlich setzt im ganzen Rücken ein schwerer Pulsschlag ein. Er zieht sich von den Schultern her auf Kreuz und Lenden zusammen; bis in die Tiefe hinein werden diese so durchblutet, wie das weder Ultraschall, noch Kurzwellen, noch Infrarotlicht, noch heißestes Moor, noch Massage, noch die schmerzhafteste Einreibung jemals bewirken konnten. Schließlich hatte ich das Gefühl einer Blutüberfüllung, sogar der Nieren. Ich lege die Kugel weg - der schwere, geradezu stampfende Puls klingt ab; es erinnert an das Auslaufen einer schweren Dampfmaschine, wenn der Dampf abgestellt wird. Ich nehme die Kugel wieder in die Hand - der Puls setzt wieder schwer und pochend ein. Da ich nicht rauche, hatte ich keine Gelegenheit, die Gegenprobe mit gewöhnlichem Staniol zu machen. Ich nehme stattdessen ein paar eiserne Schrauben in die Hand, die gerade greifbar waren - keine Wirkung.

Bei den folgenden Versuchen wirkte die Kugel immer anders als erwartet. Öfters entstand ein Brennen im Handballen oder Gelenk, das sich einmal bis zum Gefühl von

Brennnesseln steigerte. Der Hartspann der Lendenmuskeln ließ allmählich nach.

Zufällig geriet ich am 1. Oktober 1949 für zwei Stunden in den Traberhof. Ich versuchte kritisch, aber ohne jede Voreingenommenheit, mir ein Urteil zu bilden. Das peinlich unangenehme Gefühl, als Gesunder unter Kranken zu sein, das einen vor jedem „Revier", in jedem Wartezimmer, in großen Krankensälen unweigerlich befällt, fehlte in dem großen Saal dort vollständig. Alle die vielen Kranken machten den Eindruck von durch Leid Geläuterten; man befand sich in einer menschlich sehr guten Gesellschaft. Nie habe ich Geduld in solcher Stärke beisammen „gesehen" wie dort. Ich wechselte mit Gröning einen Händedruck und ging wieder weg. Am nächsten Tag setzte unvermutet, wieder im Liegen, die schwere Durchblutung des Rückens ein, ohne dass ich die Staniolkugel in der Hand hatte. Sie ließ sich in der Folgezeit noch mehr durch autogenes Training wiederholen.

Am 29. Oktober wachte ich um 2 Uhr früh auf - völlig ohne Schmerz. Nur wer ein Vierteljahrhundert den Schmerz als ständigen Begleiter gehabt hat, kann ermessen, welches Glücksgefühl ein solcher Augenblick auslöst. (Schon vor vielen Jahren hatte ich den Satz geprägt, dass bloße Freiheit von Schmerz ein völlig ausreichendes Maß von menschlicher Glückseligkeit bedeutet.) Wie eine Jugenderinnerung erschien dieser Genuss vollkommen spannungslosen Liegens. Ich drehte mich rechts, ich drehte mich links, ich konnte die etwas verzwickte Schlafstellung meiner jungen Jahre wieder einnehmen - fast zwei Stunden war ich wach im tiefen Genuss dieses Ereignisses.

Am Nachmittag rief mich Dr. Trampler an: „Haben Sie heute Nacht etwas gemerkt?"

„Was soll ich bemerkt haben?" „Sie müssen doch eine Besserung verspüren!" „Warum?" wollte ich wissen. „Gröning hat sich um 12 Uhr nachts in Gedanken mit Ihnen beschäftigt."

Ich will nicht behaupten, dass ich geheilt bin. Aber ich kann im Garten stundenlang am Boden gebückt arbeiten; ich kann der Straßenbahn wieder nachlaufen; ich kann bloßes Gehen als schwingenden Genuss empfinden, statt als Marter. Das hält nun schon zweieinhalb Monate an. Wenn durch langes Sitzen oder bei Witterungswechsel die Lendenmuskeln sich wieder verspannen, nehme ich ein paarmal die Staniolkugel in die Hand und sie lockern sich. Dabei gibt es immer wieder Überraschungen: Ich stehe im Schnellzug an einer Tür der vorderen Plattform und lehne mich mit dem rechten Arm an den Türrahmen, was man als Rheumatiker mindestens im Winter nicht tun sollte. Der Zug hatte elektrische Heizung. Plötzlich merke ich, dass ich mich an ein Heizrohr gelehnt habe, das der Wagen doch gar nicht haben kann - so warm wurde der Arm, weil ich die Kugel in der Tasche in der Hand hielt. „Einbildung" ist dabei ausgeschlossen; denn ich dachte an ganz andere Dinge beim Hinausschauen und hatte dieses Wärmegefühl im Arm noch nie beobachtet. Ich hatte die Kugel nur in der Hand, weil ich eben Zeit und Muße dazu hatte.

Ich habe keine Bibel zur Hand - in einem Psalm steht der Vers: „... dass ich wieder jung werde wie ein Adler ..." - hätte einer der vielen Ärzte, an die Not und Zufall mich gebracht haben, mir dieses Gefühl zwei Monate lang geben können, ich wäre ihnen genau so dankbar gewesen, als ich es heute Gröning bin."

Ein Kollege, Reinhart H., der freilich in einem seltenen Maße die Fähigkeit zur inneren Konzentration besitzt (ohne dass er sich jedoch auf diesem Wege vor dem Empfang der Kugel Grönings hätte helfen können), schickt mir die folgende Zusammenfassung aus seinen Tagebuchnotizen über die Wirkung der Silberkugel:

„Zustand nach spinaler Kinderlähmung (Befund laut Feststellung durch das Gesundheitsamt Miesbach vom 24. Oktober 1946): Starke Atrophie des rechten Unter- und Oberarmes, Mittelhand- und Fingermuskulatur, Schulter und Ellbogengelenk frei beweglich (hat mit der früheren Stellung des Gelenkes nichts zu tun. H.); Handgelenk aktiv nicht beweglich, Finger werden in Klauenstellung gehalten. Verdrehung der Hand zu Ellenseite. Verkürzung des rechten Armes etwa 12 cm. Außerdem geringgradiger Klumpfuß rechts. Atrophie des linken Oberarmes und beider Oberschenkel-Muskulatur. Gez. i; A. Dr. Hammer. Vom Arzt nicht erwähnt: Leichte Krümmung des Beckens und Atrophie der Hüftmuskeln. Versteifung und Veränderung der linken Schulter durch Operation. Die Erkrankung an Kinderlähmung war im Herbst 1919, die erwähnte Operation im Jahre 1928 erfolgt.

Bezüglich der von Gröning verlangten Konzentration des Heilungsuchenden auf die Vorgänge im Körper unter Ausschaltung aller ablenkender Gedanken, besonders aber der an die Krankheit, darf ich mich wohl als Sonderfall bezeichnen: Ich vermag es, mich in ganz kurzer Zeit völlig nach außen hin abzuschalten und mich innerlich freizumachen. Wie weit natürlich im Unterbewusstsein Resteinflüsse weiterwirken, ist nicht feststellbar. Immerhin war mir so eine genaue Beobachtung der ersten sicht- oder fühlbaren Einwirkungen und Erfolge der in der Staniolkugel konzentrierten Kraft Grönings möglich.

In den ersten Tagen fühlte ich eine erhebliche Steigerung meiner Leistungsfähigkeit, ermüdete spät und war nach 4 bis 5 Stunden frisch ausgeschlafen. Auch nur kurz dauernde Konzentration auf die Kraft nach größeren Anstrengungen gab ein herrliches Frische- und Freiheitsgefühl. Voraus ging ein Durchströmen des ganzen Körpers mit Wärme, gefolgt von einem Kribbeln, ähnlich dem beim Aufwachen „eingeschlafener" Glieder. Eines Nachts, etwa 8 Tage nach der ersten Einwirkung, erfolgte eine sehr heftige Anspannung der rechten Körperseite. Ausgehend vom rechten Fuß, führte sie in die rechte Schulter, konzentrierte sich dort. Diese Spannung hielt (auch in der gesamten Körperseite) mit kurzen Unterbrechungen etwa eine halbe Stunde an und verstärkte sich zum Schluss noch ganz erheblich. Es war, als versuchten kräftige Fäuste mit aller Gewalt mein Schultergelenk, das durch die Kinderlähmung nach unten hingedreht (ausgekugelt) war, in die gesunde Lage zu drehen. Nach der endlichen Entspannung, stellte ich tatsächlich fest, dass der rechte Arm nun normal hing, die Schulter war nach vorn gedreht worden. Seit fast drei Monaten ist sie jetzt gesund. Unter Schüttern, Stoßen, Zucken wurden an den nächsten Tagen Muskeln hineingepumpt. Die Atrophie in der rechten Schulter ist heute fast verschwunden und im kann den Oberarm nun heben wie ein Gesunder.

Immer, wenn ich mich darauf einstellen konnte, dann machte und macht Gröning sozusagen „Ferngymnastik" mit mir. Irgendein Glied spannt sich ohne mein Zutun und ich muss nun Bewegungen ausführen, die mir bisher unmöglich gewesen sind. Etwa das Aufrichten aus der Rückenlage ohne Zuhilfenahme der Arme (Aufstützen), was nach wenigen Versuchen ohne Weiteres gelang. Kräftigungsübungen, wie sie jedem Turnlehrer bekannt sind, erfolgen in allen Gliedern und stets von mir unbeabsichtigt. Sie kündigen sieh stets durch einen „spannenden Stoß" in dem betreffenden Muskel, Gelenk oder Glied an. Und dann kann ich ganz bewusst zusehen, was Gröning von fern mit mir tut. Es ist daher völlig ausgeschlossen, dass diese Bewegungen aufgrund hypnotischer Befehle ausgeführt werden. Dann müsste ich ja in Trance oder zumindest getrübtem Bewusstsein sein. Ich bin aber bei diesen Vorgängen, wie bei jeder Einwirkung der Kraft Grönings, völlig klar und wach.

Nach der Entspannung durchrieselt mich jedes Mal ein herrliches Wohlgefühl. Das Durchströmen des ganzen Körpers unterblieb nach etwa zehn Tagen. Die Kraft suchte von da an sofort nach der Einstellung ein bestimmtes Glied und begann in diesem zu arbeiten. So schüttelt sie häufig 10 bis 15 Minuten lang ununterbrochen die rechte Hand, um deren versteiftes Gelenk zu lockern. Mehrmals führte die Kraft sogar beide Hände ineinander, um so der rechten beim Versuch, das Gelenk in die normale Lage zu drehen; einen Gegendruck zu geben. Bald begann die Kraft auch in der linken Schulter, die durch eine Operation versteift ist, mit Lockerungsversuchen und mit „Einstoßen von Muskelkraft".

Das Durchströmen des ganzen Körpers setzte in der Folgezeit nur noch dann ein, wenn ich einmal mehrere Tage keine Gelegenheit hatte, mich dem Heilungsprozess aktiv zu widmen. Dem „Stromstoß" folgte ein heftiges Durchschütteln (Lockern) aller Glieder. Bei Ermüdung eines bearbeiteten Gliedes entspannt es die Kraft und fährt in einem anderen zu wirken fort.

Zusammenfassung der bisherigen Erfolge: 1. Drehung der rechten Schulter in die normale (gesunde) Lage. 2. weitgehende Kräftigung der Schultermuskulatur rechts: 3. teilweise Kräftigung der Ober- und Unterarmmuskulatur rechts. 4. erste Anzeichen von Beweglichkeit des Gelenkes und der Finger der rechten Hand. 5. Beginn einer Lockerung und Kräftigung des Schultergelenks und der Schultermuskulatur links. 6. Leichte Stärkung der Hüft- und Oberschenkelmuskeln."

Eine weitere Heilung, die ausschließlich durch die Silberkugel, ohne persönliche Begegnung mit Gröning erfolgt ist; ist die des Herrn G. in Gräfelfing. Er litt seit vielen Jahren an quälenden, möglicherweise psychisch bedingten Magenkrämpfen. Insbesondere hatte er eine sogen. Ei-Allergie, die sich darin äußerte, dass er Magenkrämpfe bekam und oft sogar erbrechen musste, wenn in einer Speise (auch wenn er nichts davon wusste) Ei enthalten war. Am ersten Tage nach dem Empfang der Kugel wurde Herr G. von einer furchtbaren Kolik heimgesucht, die jedoch offenbar eine Art Umstellungskrise war. Denn vom darauffolgenden Tage ab blieben die Magenbeschwerden aus. Es war keinerlei Diät mehr erforderlich. Die Heilung hält nunmehr bereits seit rund zwei Monaten an. Einige Male hatte Herr G. den Verdacht, erste Anzeichen seiner alten Krankheit zu verspüren, die jedoch sofort wieder verschwanden, wenn er die Kugel in die Hand nahm. Er erklärt, darin ein sicheres Mittel zur Hand zu haben, jedes erste Anzeichen von gesundheitlichen Störungen unverzüglich wirksam zu bekämpfen.

Dies kann ich aus eigener Erfahrung bestätigen. Eine plötzlich aufgetretene grippeartige Erkältungskrankheit, die mich mit Fieber und schmerzhaftem Husten befiel, war über Nacht behoben, als ich ohne Anwendung anderer Medikamente die Kugel auf die Brust auflegte.

Ein anderer Fall: Auf einer gemeinsamen Bahnfahrt berichtete mir Herr Sp. aus Gräfelfing über eine schmerzhafte Zahnfleischentzündung, die ihm viel Beschwerden machte. Im gab ihm eine Kugel, nach weniger als einer Stunde war der Schmerz nicht mehr spürbar; noch am gleichen Tage war die Geschwulst abgeklungen und von der Entzündung überhaupt nichts mehr zu bemerken.

Herr H. aus Gräfelfing bat mich telefonisch, ihn möglichst zu Gröning zubringen. Neben anderen Gesundheitsschäden litt er an einem Krampfhusten, der ihn seit Wochen keine Nacht hatte schlafen lassen. Da Gröning auf Reisen war, versprach ich ihm; dass er am darauffolgenden Tage eine Kugel bei mir abholen könne. Einem plötzlichen Gedanken folgend, legte ich während des Gespräches meine eigene Kugel an die Sprechmuschel des Hörers, da mir Gröning kurz zuvor erzählt hatte, dass er auch manche Heilungen telefonisch übermittelt hat und die Kugel ja gewissermaßen „ein Stück von ihm" ist. Mit voller Absicht aber sagte ich dem Kranken davon vorerst nichts; seine Erwartung war also wohl darauf gerichtet, am nächsten Tage durch die Kugel Hilfe zu erfahren, nicht aber, jetzt sogleich geheilt zu werden. Als er sich am nächsten Morgen die Kugel abholte, berichtete er mir, dass der Husten nach dem Ferngespräch mit mir verschwunden sei und er die Nacht über husten-, schmerz- und fieberfrei geschlafen habe. Jetzt natürlich erklärte ich ihm den Zusammenhang.

Man darf sich indessen durch diesen Vorgang nicht zu dem Schluss verführen lassen, dass Grönings Heilstrom etwa elektrischer Natur sein könnte. Dafür gleich ein Gegenbeweis: Ein von Gröning sehr stark angesprochener Gegenstand lag auf einer Keramikschale, die gegen Elektrizität völlig isolieren würde. Der Strom ging jedoch durch die Schale hindurch, ohne dass diese, wie ich später durch Versuch feststellte, selbst angesprochen, also selbstständiger Träger des Stromes gewesen wäre.

Äußerst aufschlussreich erscheinen mir endlich die folgenden Beobachtungen. Im Dezember 1949 hatte mich Gröning, ehe er sich auf eine längere Reise nach Norddeutschland begab, besucht und mir eine größere fest verschlossene Packung von Staniolkugeln zurückgelassen. Diese sollte Kranken, die auf die einzelne Kugel schwer ansprechen oder deren Leiden besonders schwerer Natur sind, etwa eine halbe Stunde in, die Hand gegeben werden. Es werde sich erweisen, sagte er mir, dass diese Kranken fast sofort eine Wirkung verspüren und dann auch später für den Strom aus der einzelnen Kugel empfänglich bleiben.

Zwei berufstätige Frauen, die neben kleineren anderweitigen Beschwerden vor allem an typischen Übermüdungserscheinungen und sehr starker Nervosität litten, verspürten nach einmaliger, etwa halbstündiger Berührung dieser Packung sofort eine deutliche Erleichterung und fühlten sich „wie nach einem längeren Urlaub". Die körperliche und geistige Frische blieb auch bei strengster Arbeit den ganzen Tag über erhalten; der Schlaf wurde ruhig und gesund. Einen beginnenden Anfall von Gallenkolik konnte Frl. E. in welligen Minuten durch Auflegen der Kugel abstoppen; er wiederholte sich auch später nicht mehr.

Die 82-jährige Frau W. aus Dachau, die seit langer Zeit an schwerem Rheumatismus in den Handgelenken litt, nahm die Packung zweifelnd (ihren Blicken nach vor allem zweifelnd an meinem gesunden Menschenverstand) in die Hände, empfand 20 Minuten lang nichts, kurz vor Schluss der halben Stunde ein leises Prickeln in den Fingerspitzen. Zu ihrem fassungslosen Erstaunen aber waren die rheumatischen Schmerzen danach völlig verschwunden und dabei ist es auch geblieben. Ihre Enkelin, die infolge einer sehr schweren Operation eine allgemeine Entkräftung nicht überwinden konnte, durchfuhr der Strom sofort bei der ersten Berührung mit der angesprochenen Packung. Ihre Kopfschmerzen und ihre Müdigkeit waren wie fortgeblasen und sie fühlt sich nun seit vielen Monaten zum ersten Mal richtig gesund.

Dr. U. aus H. hatte sich unbedeutend am kleinen Finger der rechten Hand verletzt. Er schenkte der kleinen Wunde keinerlei Beachtung und behandelte sie auch nicht. Am zweiten Tage jedoch stellte sich eine Geschwulst und eine sehr schmerzhafte Entzündung ein; der Finger konnte kaum mehr bewegt werden - typische Anzeichen einer beginnenden Blutvergiftung. Dr. U. legte eine Gröning-Kugel auf den Finger auf. Nach wenigen Minuten verspürte er ein unerträgliches Brennen und dann, unter erheblichen Schmerzen, eine Verstärkung des Blutkreislaufes. Etwa eine Stunde später ging die Geschwulst auf und eiterte aus, wobei noch ein kleiner Holzsplitter zutage trat. Am nächsten Tage war nichts mehr zu spüren. Weder ein Verband, noch Medikamente sind zur Anwendung gelangt.

Ministerialrat Q. aus N. hatte im Sommer 1949 den Fuß gebrochen. Er konnte seither nur unter sehr starken Schmerzen am Stock gehen. Während eines Vortrages, den er besuchte, also durchaus nicht in einem Zustand besonderer Konzentration auf die Heilung, hielt er die Packung in Händen. Währenddessen spürte er ein leichtes Ziehen in der Hand. Schon auf dem Heimweg traten so heftige Umstellungsschmerzen auf, dass er nur mit fremder Hilfe nach Hause gelangen konnte. Auch der darauffolgende Tag brachte noch arge Beschwerden. Vom übernächsten Tag an war der Patient geheilt. Er geht nun schon seit zwei Wochen wieder ohne Stock. Bei einem sehr starken Föhneinbruch erlitt er einen kleinen Rückschlag, den er jedoch mit einer einzelnen Kugel in drei Tagen vollständig überwinden konnte.

Eine ganze Reihe weiterer gesundheitlicher Umstellungen von sehr schweren Leiden, durch diese Packung und einzelner Kugeln, lassen sich bereits in den Anfängen erkennen, bedürfen aber noch einer längeren Erprobung und Kontrolle, ehe sich etwas Endgültiges darüber berichten lässt.

Zum Abschluss dieser Erfahrungen mit angesprochenen Gegenständen seien noch folgende seltsame Vorgänge erwähnt: Wir hatten, während Gröning irgendwo in der Nähe der Nordseeküste weilte, Kugeln, darunter eine sehr große, angefertigt, die wir ihm nach seiner Rückkehr mit der Bitte, sie anzusprechen, vorlegen wollten. Sie waren folglich zu der Zeit, da wir sie anfertigten, nichts als simple Stanniolkugeln ohne jegliche Wirkung. Schon kurz danach aber machten wir die Feststellung, dass Grönings Kraft aus der Ferne in diese Kugeln eingeströmt war. Immer noch ungläubig, immer noch im Ungewissen, ob wir etwa die Wirkung angesprochener Möbelstücke irrtümlich auf die Kugeln zurückgeführt haben könnten, machten wir eine Reihe von Versuchen außer Hause und bei Personen, die noch keine Gröning-Kugel in Händen gehabt hatten: Es erwies sich einwandfrei, dass die Kugeln tatsächlich aus der Feme angesprochen worden sind und dass sie die gleiche Wirkung haben, wie die unmittelbar von Gröning berührten.

Die erwähnte große Kugel zeigte ihre Kraft unter anderem auch in einem durchaus ungewöhnlichen Fall: Meine Tochter hatte den Besuch einer Freundin, die bisher sehr nervös war und an Schlaflosigkeit litt. Von unseren Erlebnissen mit Gröning hielt sie nichts, sie konnte nicht glauben, was sie nicht mit Händen greifen konnte. Trotzdem legte sie, ganz nebenbei einen Augenblick lang ihre Hand über die große Kugel. Kaum nach Hause zurückgekehrt, empfand sie plötzlich sehr starke Kopfschmerzen Übelkeit, Schwindelgefühl – kurz gesagt: Erscheinungen, die als Regelungsschmerzen bei einer Nervenbehandlung durch Gröning häufig auftreten. Nach einigen Stunden verschwanden diese Empfindungen wieder - und seither schläft die ungläubige junge Dame vorzüglich.

Diese und sehr viele weitere ähnliche Erfahrungen mit angesprochenen Gegenständen scheinen mir insbesondere eines sehr deutlich zu beweisen:

Der Erfolg einer Gröning-Heilstätte ist nicht von der ständigen Anwesenheit Grönings abhängig.

Wenn in einer Heilstätte in ausreichendem Umfang angesprochene Gegenstände von starker Wirkung vorhanden, wenn Stühle und Räume angesprochen sind, so werden die meisten Kranken, sofern sie ein kluger Helfer, möglichst ein Arzt, richtig anleitet - auch ohne Grönings Anwesenheit - gesundwerden. Eine Reihe besonders schwerer Fälle wird dann wohl jeweils übrigbleiben, die von Gröning unmittelbar behandelt werden müssen. Da indessen, gemessen an der ungeheuren Zahl der Heilungssuchenden im ganzen Lande, jeweils nur ein sehr geringer Teil unmittelbar behandelt werden kann, ist es auf dem Wege über angesprochene Gegenstände und Räume durchaus möglich, die Heilkraft Grönings einer vielfach größeren Zahl von Hilfesuchenden zugutekommen zu lassen, als wenn eine Heilung nur in einer Heilstätte und nur in Grönings persönlicher Anwesenheit denkbar wäre. Durch eine sinnvolle Verteilung solcher Heilstätten - oder möglicherweise von „Hilfsheilstätten", die nur die auf dem indirekten Wege nicht heilbaren Kranken an eine zentrale Heilstätte weiterleiten - über das ganze Land kann fraglos auch jenen Kranken geholfen werden, die aus Kostengründen oder aus Scheu vor einer Arbeitsunterbrechung usw. die weite Reise zu einer großen Heilstätte nicht unternehmen, vor allem aber keine lange Wartezeit riskieren können.

Ein erfahrener, für ein großes Industrieunternehmen arbeitender Psychologe gab mir unlängst Einblick in die verhängnisvolle Wirksamkeit jener kleineren körperlichen und seelischen Gesundheitsschäden, die kaum richtig beachtet und behandelt werden, die kaum eine Krankenkasse als real anerkennt und die dennoch dem schaffenden Menschen oftmals seine tägliche Arbeit zur quälenden Fron machen. Welche Möglichkeiten eröffnen sich, wenn die unerhörte Kräftigung des gesamten Nervensystems, die von den angesprochenen Gegenständen ausgeht, in breitester Wirkung allen Hilfsbedürftigen zugutekommen kann!

Dass Fernheilungen in sehr großer Zahl durch Grönings erfolgt sind und dauernd weiter erfolgen, steht für mich außer

Frage. Entfernungen spielen dabei keine Rolle. Auch Fernheilungen nach Nord- und Südamerika werden bezeugt. Freilich ist der greifbare Nachweis des unmittelbaren Zusammenhanges der Besserung eines Gesundheitszustandes mit einer Einwirkung Grönings gerade in diesen Fällen außerordentlich schwierig. Es lässt sich zwar vielfach belegen, dass eine Heilung gerade zu dem Zeitpunkt erfolgte oder wenigstens eingeleitet wurde, zu dem Gröning seine Gedanken auf einen bestimmten Patienten oder eine Gruppe von Hilfesuchenden konzentrierte oder aber, dass Kranke ihrerseits intensiv eine gedankliche Brücke zu ihm zu finden suchten. Für manchen Skeptiker aber genügt das immer noch nicht zum vollen Beweis. Mehr als die Feststellung dieser für den Zweifler rätselhaften Gleichzeitigkeit wird aber nach dem gegenwärtigen Stand der wissenschaftlichen Forschung schwerlich zur Erhärtung der wohlüberlegten Meinung derer getan werden können, die von der Tatsächlichkeit der Fernheilungen überzeugt sind. Denn diese Vorgänge vollziehen sich wohl in einem Bewusstseinsbereich, über den auch der Wissenschaft noch keineswegs gesicherte Kenntnisse zu Gebote stehen, obwohl über die Fernwirkungen seelischer Vorgänge immer neue Entdeckungen gemacht werden.

So einfach jedenfalls, wie es sich einzelne Gegner Grönings machen, Fernheilungen schlechthin zu leugnen oder die Meinung erwecken zu wollen, die betreffenden Patienten seien eben „zufällig von selbst gesund geworden", sind die Dinge denn doch nicht. Warum, müsste man dagegen fragen, sollten sie zuvor auf alle Bemühungen der Ärzte nicht reagiert haben? Warum sollte eine Heilung sich sonst just in dem Augenblick angebahnt haben, zu dem eine

gedankliche Verbindung mit Gröning immerhin den Umständen nach als möglich angenommen werden kann?

Einige Beispiele, die sich um ein Vielfaches vermehren ließen, dürften zu ernstem Nachdenken anregen: Frau Karla D., Inhaberin einer großen künstlerischen Werkstätte in P. an der bayerischen Nordostgrenze, war durch übergroße Arbeitsbeanspruchung und durch die Last der Verantwortung für ihre vielen Mitarbeiterinnen, die sie sehr ernst nimmt, in eine Nervenkrise geraten, die auch den allgemeinen Gesundheitszustand abträglich beeinflusste. Ich hatte ihren Namen auf eine kleine Liste von Personen gesetzt, deren Sorgen ich Gröning vortragen wollte. Er nahm die Liste in die Hand, faltete sie zusammen und sagte nach kurzer Konzentration: „Einer hat nichts gespürt." - Meine Rückfragen konnten bei einigen der Genannten, bis hinüber in die Schweiz und nach Innsbruck, starke Reaktionen feststellen; bei anderen war die Beobachtung zu wenig genau (der Vorgang hatte sich nach Mitternacht abgespielt), als dass sich zur Stunde etwas wirklich Entscheidendes feststellen ließe. Die interessanteste Antwort erhielt ich von Frau Karla D.: „... Ihr Brief hat mich in eine ziemliche Erregung versetzt. Ich will Ihnen ganz genau sagen, was in der Nacht vom 28. zum 29. Oktober vor sich ging, denn ich habe diese Stunde genau in der Erinnerung. Ich befand mich auf einer Geburtstagsfeier bei einem befreundeten Maler in der Nähe. Ich fuhr dort am Nachmittag sehr müde und abgespannt hin. Gegen 10 Uhr kam ein Pfarrer als letzter Gratulant, und es entspann sich in der Mitternachtsstunde ein sehr lebhaftes Gespräch, das mit Gröning begann und dann im Wesentlichen ausging von den Feinkraftflüssen, die uns umgeben, und bis in letzte Fragen und Tiefen geführt wurde.

Ich wurde im Laufe des Gespräches nach Mitternacht immer frischer und lebhafter. Alle Müdigkeit schwand plötzlich, und mein Nachbar machte noch die Bemerkung, dass er das Gefühl hätte, ich sei geradezu geladen von neuer Spannkraft und Aktivität. Im konnte die ganze Nacht nicht schlafen und lag noch lange wach und las ein Buch über Urkräfte und Ursprache. Am Morgen schien es mir, als wäre ein langgehabter Druck gewichen, denn die letzten Wochen litt ich derart unter-meinem dauernd bedrohten Gesundheitszustand und war wie gelähmt. Von dieser Stunde an fühle ich etwas wie neue Kräfte und sagte mehrfach in der Woche, ich glaube, ich habe mich wieder gefangen, es geht mir sehr viel besser. Am Sonnabend nach dieser Nacht hatte ich mich nachmittags hingelegt und habe so wunderbar geschlafen wie seit langer Zeit nicht. Ich war hinterher ganz glücklich und fühlte mich wie erlöst. Es kamen wohl im Laufe der Woche ab und an wieder Rückfälle, morgens war ich häufiger sehr zerschlagen, auch hatte ich wieder Rückenstiche und Schulterschmerzen.

Aber die Schicht, die sich um einen gelagert hat, ist sicherlich nicht so, schnell zu durchbrechen. Man sündigt ja auch dauernd gegen seine bessere Einsicht, raucht und trinkt starken Kaffee, um die Müdigkeit zu überwinden und lebt ohne Bedacht. So stört man selbst natürlich gute herandringende Kräfte und lässt sie nicht ein. Man muss natürlich selbst dafür sorgen, ein gutes Empfangsgerät zu sein.

Ihr Brief hat mich natürlich in helles Erstaunen versetzt! Ich möchte Gröning herzlich danken, dass er auf Ihre Bitte hin gehandelt hat, und ich kann es kaum erwarten, einmal bei Ihnen in München zu sein um mit Ihnen über alles zu sprechen. Der Brief hatte fast auch eine heilende Wirkung. Ich war danach so geladen und bewegt wie schon lange nicht. Ich nahm die Kugel am Abend in die Hand, um die ich bisher immer noch etwas scheu herum gegangen bin. Als ich sie eine Weile in der rechten Hand hielt, summte es so in meinen Händen, als wäre ein Käfer drin. Es lief mir dauernd den Rücken rauf und runter, alle Kopfnerven spannten sich, und die Kopfhaut begann stark zu schmerzen. Heute bin ich sehr frisch und hoffe, dass diese Frische anhält.

Das sind die einfachen Tatsachen, was an Gedanken und Wünschen dazwischenliegt, lässt sich schwer brieflich niederlegen, vielleicht lässt es sich aussprechen ..."

Frau H. aus, einem Münchner Vorort, die Mutter eines etwa 10-jährigen Jungen, der zwar nicht ernsthaft krank, aber infolge von Drüsenstörungen ängstlich, matt, schwächlich und appetitlos war, wandte sich an Gröning. Sein Versprechen einer Fernheilung hatte die Folge, dass der Junge sichtbar aufblühte, frisch war, mit gutem Appetit zu essen-begann und 'sich so sehr kräftigte; dass ein bekannter Arzt (der über die möglichen Zusammenhänge nichts wusste) die grundlegende Veränderung in seiner Gesundheit mit größter Verwunderung feststellte.

Fälle, in denen schon die intensive gedankliche Einstellung auf Grönings Hilfe Veränderungen des Gesundheitszustandes bewirkt haben, werden in erheblicher Zahl berichtet. So erklärte mir z. B. Assessor D., der als Folge einer schweren Kopfgrippe, die viele Jahre zurückliegt, an Sprach- und Bewusstseinsstörungen leidet, dass er auf diesem Wege schon eine Besserung seines Befindens erreicht habe.

Der „Münchner Merkur" legte einen noch rätselvolleren Vorgang dar. Ein Schwerkriegsbeschädigter des Ersten Weltkrieges aus München-Großhadern, der infolge seiner Verwundung (Eindringen eines Splitters in den Kehlkopf) die Sprache verloren hatte, richtete einen Bittbrief an Gröning. Der Brief wurde nicht abgesandt. Im Traume erhielt der Bittsteller in der darauffolgenden Nacht den Auftrag, am Morgen nach dem Erwachen zu beten, danach werde er geheilt sein. Er tat es und vermochte tatsächlich danach zu sprechen, nachdem er mehr als 25 Jahre kein Wort mehr hatte sagen können.

Herr W. D. aus München litt viele Jahre lang an einer akuten Urtikaria[2], einem fliegenden Ausschlag, der alltäglich um die Mittagszeit auftrat und das Gesicht des Kranken unter furchtbarem Juckreiz aufschwellen ließ. Nur sehr erhebliche Mengen Alkohol betäubten jeweils vorübergehend diese Symptome. Gröning nahm Bittbrief und Bild des Leidenden in die Hand, schloss kurz die Augen, faltete dann beides zusammen und sagte: „Geht nach Wunsch." Genau zu dieser Zeit verschwand der Ausschlag unter heftigen Regelungsschmerzen und blieb mehr als zwei Wochen lang völlig aus, ohne dass der Be-

troffene irgendein Medikament eingenommen hätte. Unbedeutende Rückschläge traten später zeitweilig noch auf.

Rückschläge scheinen bei Fernheilungen verhältnismäßig häufiger zu sein als bei direkten. Der Grund dafür ist unbekannt. Es mag vielleicht sein, dass der starke Eindruck einer sichtbaren persönlichen Begegnung mit Bruno Gröning und seine eigenen Anweisungen den Geheilten eine festere seelische Stütze ihres Glaubens geben als eine nur gedankliche Verbindung, - insbesondere wenn sich Zweifler mit „störenden Gedankenströmen" einschalten[3]. Dies ist freilich nicht mehr als eine Vermutung.

Wenn Mediziner die ohne jeden Zweifel häufigen Fälle von Fernheilungen als Ergebnisse einer starken Autosuggestion bezeichnen wollen, so mögen sie das tun. Ist diese Erklärung aber im Grunde weiter nichts als der Versuch, mit einem Fachausdruck den einfachen Tatbestand zu entweihen, dass es der Glaube ist, der diesen Kranken half[4]? Und ist es nicht etwas Großes um eine Kraft, die so sehr den Glauben weckt und stärkt, dass Stumme die Sprache wiederfinden, Gelähmte ihre Glieder wieder rühren können, Schwerkranke in einer unerklärbaren Weise sich dem Leben wieder zuwenden und gesunden?

---

[2] Nesselsucht
[3] Anmerkung: Die Ursache für die Rückkehr einer Krankheit ist, nach der Lehre Bruno Grönings, darin begründet, dass der Mensch weiterhin sündhaft ist, bzw. sein sündhaftes Verhalten wiederaufgenommen hat. Wie der Autor ganz richtig vermutet, gibt es einen Unterschied zwischen einer Fernheilung und einer Vor-Ort-Heilung. Bei der Vor-Ort-Heilung erfährt der Betroffene durch eine Einführung oder

Rede Grönings von den Heilungsvoraussetzungen, während der Ferngeheilte oftmals nichts hiervon erfährt. Damit sind die Chancen des Ferngeheilten tatsächlich deutlich geringer sein Heil zu behalten.
[4] Genauso sprach auch Jesus zu den Geheilten: „Nicht ich, sondern euer Glaube hat euch geholfen." Oft fügte er noch hinzu, dass das Übel noch übler zurückkehren würde, wenn der Geheilte wieder sündhaft würde.

Zum Abschluss der Beobachtungen über Heilungen, die keinem Arzt vorher gelungen waren, seien jene Grenzgebiete seelischer Heilwirkungen verlassen. Kehren wir nochmals zurück in den Behandlungsraum auf dem Traberhof, wo alles, was geschah, von zahlreichen Zeugen im hellen Licht beobachtet werden konnte. Der „Zufall" wollte es, dass ich einige Tage vor dem 1. Oktober mit einem sehr skeptischen Arzt über Grönings Heilungen sprach. Die Debatte ging darum, ob Gröning auch Krankheiten heilen könne, die, rein organisch bedingt, jede psychische Mitbestimmung ausschlössen. Nach längerem Nachdenken meinte der Arzt: „Wenn er einen echten **Bechterew** heilt, dann glaube auch ich an ihn." Dabei erläuterte er mir die furchtbaren Eigenschaften dieser unheilbaren Krankheit: Durch Kalkablagerungen im Organismus „versteinert" der Kranke gewissermaßen bei lebendigem Leib; ein Glied nach dem andern wird gelähmt. Frau Elisabeth L. aus einem Vorort von Köln war vor mehr als 10 Jahren dieser furchtbaren Krankheit verfallen. Die ärztliche Feststellung, dass es sich um einen echten Fall von Bechterew handelt, liegt vor. Die Krankheit war schon sehr weit fortgeschritten. Wirbelsäule, Hals, alle Gelenke an Armen und Beinen waren steif. Die Arme waren völlig unbeweglich. Ganz vorsichtiges Gehen war mithilfe einer Begleitperson mit größten Schmerzen und Schwierigkeiten möglich. Jedes Bücken war undenkbar. Das Kinn war immer angezogen. Auch die Augen waren schon in Mitleidenschaft gezogen. Die Kranke litt ständig an Schmerzen. Frau L. setzte ihre letzte Hoffnung auf Gröning. So wartete sie wochenlang geduldig vor dem Traberhof, bis sie am 1. Oktober zur Behandlung zugelassen wurde. Regungslos, totenblass, ausgezehrt lag sie den ganzen Tag über auf einem Ruhebett - ein erschütterndes Bild! Nur an den Augen

war zu erkennen, dass in dieser Kranken noch Leben war. Gröning hatte die schwersten Fälle für die Stunden nach Mitternacht zurückgestellt, um sich ungestört und in möglichster Stille auf sie konzentrieren zu können. Schon als er diesen Schwerstkranken die ersten Heilwellen sandte, verlangte Frau L. aufrecht zu sitzen. Mithilfe ihrer Schwester gelang ihr das unter unermesslichen Anstrengungen und Schmerzen. Als Gröning zu ihr kam, musste er sich tief bücken, um ihr ins Gesicht sehen zu können, so sehr presste die Nackensteife ihr Kinn fest auf die Brust. Bei der Wiedergabe des folgenden Dialogs zwischen Gröning und der Kranken ziehe ich auch das Stenogramm des Kollegen Alfred Stecher zu Hilfe: „Wollen Sie nicht einmal den Kopf heben, junge Frau?" – „Gern, aber ich kann ja nicht, schon seit sieben Jahren nicht mehr." – „Das dürfen Sie nicht sagen! Ihr Genick *war* steif! Und was verspüren Sie jetzt?" – „Es zieht den Rücken hoch, es schmerzt im Nacken sehr." – „Zeigen Sie mir doch die Stelle!" – „Ich kann doch nicht, Herr Gröning. Seit Jahren kann ich den Arm schon nicht mehr heben." – „Machen Sie mal eine Faust und heben Sie den Arm. Ja so, aber höher, immer höher, immer höher, noch etwas höher, ich sage Ihnen ja, es *wird* gehen! Versuchen Sie es nur." - Mit aufleuchtenden· Augen, erst ungläubig und zaghaft, dann immer tapferer, sichtbar unter schwersten Schmerzen, hebt Frau L. den rechten Arm.

Um Gröning und die Kranke hat sich ein Kreis von Menschen gebildet, die in atemloser Stille, tief bewegt, das Wunderbare verfolgen, das hier geschieht. In der gleichen Weise wie zuerst den rechten, hebt nun Frau L. auch den linken Arm. Jetzt breitet sie beide Arme aus, sie kann sie abwinkeln. Ein zaghaftes Lächeln breitet sich über ihr blasses Gesicht, als sie beide

Hände im Nacken an ihrem Haarknoten schließen kann.

„Können Sie mir Ihre Spritze leihen?", wendet sich Gröning lächelnd zu mir zurück. Nun, Journalisten haben glücklicherweise keine in der Tasche, und so wendet sich Gröning wieder zu der Patientin: „Dann muss ich Ihnen eben eine von meinen Spritzen geben." („Spritzen" nennt er lokale Beeinflussungen irgendeiner Körperstelle, mit denen er eine schmerzstillende, lockernde, anregende Wirkung auszulösen vermag) Frau L. spürt sofort die Wirkung. Langsam vermag sie jetzt den Kopf zu heben, ihr Blick wird waagrecht. „Ah, ich habe ja den Kopf beinahe oben", ruft sie beglückt, „ich kann plötzlich wieder richtig in die Menge sehen, und drehen kann ich ihn jetzt auch; meinen Kopf."

Gröning: „So, nun bekommen Sie die zweite Spritze." Frau L. kann nun, was ihr seit Jahren versagt war, voll durchatmen, und unmittelbar darauf ist sie imstande, ihre Kostümjacke selbst auszuziehen und ihr Haar zu ordnen. Nach der dritten „Spritze" kann die Patientin die Arme frei bewegen und die Schultern rollen. Während dieses ganzen Vorgangs war es akustisch wahrnehmbar, wie die Glieder wieder knackend in Bewegung kamen.

Dieser erste Teil der Behandlung war anstrengend. Gröning legt deshalb eine kleine Pause ein. Dann streicht er der Kranken in etwa 10 cm Entfernung über die gefühllosen Knie und über das noch völlig verkrampfte Becken. Frau L. erhebt sich daraufhin zitternd und noch recht unsicher. Sie winkelt die Knie, schleudert die Lähmung aus den Beinen und geht nun vor den atemlos zusehenden Menschen, unter der freudigen Bewegung aller Augenzeugen, rund um den großen Saal.

Das Unbegreifliche ist vor unseren eigenen Augen ungefähr in einer Stunde geschehen: Eine Bechterew-Kranke, die auch nicht die leiseste Aussicht auf Heilung durch die Kunst der Medizin hatte, hat sich vor Dutzenden von Zeugen erhoben und fast die volle Beweglichkeit zurückerlangt. Wir nehmen an Ort und Stelle ein Protokoll über den Vorgang auf das zehn Zeugen unterschreiben; als erste Frau L. selbst. Als sie Gröning unter Tränen für ihre Heilung danken will, wehrt er ab: „Nicht mir, - danken Sie unserm Herrgott und bleiben Sie so gut, wie Sie bisher waren, gut zu allen Menschen, denen Sie begegnen." - Frau L. ist etwas erschöpft und fröstelt. Da zieht Gröning, ehe er sich andern Patienten zuwendet, rasch seine Jacke aus, reicht sie der Überraschten und sagt: „Da drin werden Sie sieh gut erholen." Die bis vor einer Stunde Gelähmte, die nicht den kleinsten Handgriff selbst verrichten konnte, zieht die Jacke selbst an und fühlt sich von unbekannten Wärmeströmen durchpulst. Wenig später führt sie meiner Frau für die Kamera (leider etwas zu schwache Beleuchtung) vor, wie vielseitig sie ihre Glieder wieder gebrauchen kann. Am Morgen reiste Frau L. nach Hause.

Einige Zeit später teilte sie Gröning mit, dass sie ihre Gesundheit doch noch nicht allein habe festigen können. Sie hatte einen Rückfall erlitten, den Gröning jedoch mit Sicherheit wieder auszugleichen hoffte, am besten in einer Heilstätte, die eine stationäre Behandlung über einen gewissen Zeitraum ermöglicht. Als Ursache ihres Rückfalls ist absprechendes, zweifelndes Verhalten ihrer Umgebung deutlich erkennbar.

Es ist dies nicht der einzige Fall, dass Gröning die bechterewsche Krankheit geheilt hat. Er berichtete mir von zwei Patienten, die er von dieser „steinernen Lähmung" befreit hat, ohne jeglichen Rückschlag.

Untersucht man die Entstehung von Rückschlägen, so findet man an ihrem Anfang fast ausnahmslos die vielseitigen Sorgen und seelischen Belastungen des Alltags und den Zweifel, der von außen her an die Geheilten herangetragen wird und, sofern sie nicht ganz fest in ihren Ansichten sind, ihr seelisches Gleichgewicht stört. Es zeigt sich dabei klar, dass das Schwierigste für den Patienten keineswegs die Heilung ist, sondern die Bewahrung des festen Glaubens, wenn er nach der Trennung von Gröning wieder ganz auf sich selbst gestellt ist. Wie wenige der Geheilten kommen nach ihrer Rückkehr in ein Haus, das völlig frei von den „Störsendern" zweifelnder Gedanken ist! Wo ist ein Patient davor sicher, von niemanden gestört oder verlacht zu werden, wenn er sich schweigend mit seiner Staniolkugel in der Hand, gedanklich in die Zusammenhänge vertieft, die er in Grönings Gegenwart zu ahnen begann? Wie viele der Geheilten bleiben auch dann unbedingt fest - wenn sie, vielleicht gerade wegen dieser Gegenströmungen, einen oder mehrere Tage nichts empfinden?

Wer ein chemisches Medikament verwendet, wird gemeinhin die Wirkung verspüren, gleich, mit welchen Gedanken er sich sonst befasst. Eine Heilung durch Gröning ist - das kann gerade mit Hinblick auf das eigene Verhalten in der Folgezeit nicht klar genug erkannt werden - ein Vorgang, der mit „Medizin" nichts zu tun hat, der sich wohl in der Sphäre von Unterbewusstsein, Gedanken und Vorstellungen abspielt, vielleicht etwas Metaphysisches. Und hier können fremde Gedankeneinwirkungen ebenso wie eigener Zweifel - von einer gottfernen Lebensführung ganz zu schweigen - die Rückwirkung haben, dass der Patient in sein altes Leiden zurückfällt.

Patienten, -die sich durch nichts in ihrem Glauben beirren ließen, die durch ihre Lebensführung ihren Glauben sichtbar bestätigten, haben immer noch am besten die Heilung bewahrt und gefestigt[5]. Auch das gehört dazu, dass sie sich völlig dessen bewusst waren, die Gegenwart des Heilers auch zu spüren, wenn sie längst räumlich von ihm getrennt waren.

Neben dieser seelischen „Nachkur" ist es nach umfangreicheren Einwirkungen Grönings auch notwendig, dass der Patient eine gewisse Erholungszeit zur Verfügung hat, um wiederbelebte Glieder und Organe erst einmal schrittweise ihren natürlichen Funktionen zuzuführen. Bei mancherlei Leiden, die körperliche Veränderungen zur Folge gehabt haben, wie beispielsweise Muskelatrophien usw., kann es sogar recht lange dauern, bis das neu einziehende Leben solche Rückbildungserscheinungen wieder ausgleicht.

Es gibt manche Patienten, die von Gröning „Wunderheilungen" derart verlangen, dass Knochen, Glieder und Organe sich spontan umbilden sollen.[6] Es ist gewiss „Wunders"

---

[5] Mit anderen Worten: Wer nach seiner Umkehr sündenfrei bleibt, behält seine Heilung. Wer aber seine alten, unguten Gewohnheiten wieder aufnimmt, wird bald wieder dem Übel ausgeliefert sein. Weitere Informationen hierzu finden Sie unter dem Stichwort „Nach der Heilung" im Buch „Die Lehre im O-Ton".
[6] Damit wollten sich die Leidenden die oft schmerzhaften Regelungen ersparen. Dies ist jedoch erst seit dem Jahr 1954 (also 4 Jahre nach dem Erscheinen der Erstaus-

genug, was tatsächlich an Veränderungen des Gesundheitszustandes geschieht. Aber die volle Ausheilung bedarf zumeist eines gewissen Zeitraumes ruhiger Erholung und Einkehr. Die meisten Rückschläge, die mir bekannt sind, gehen auf einen Mangel an Glauben und an Geduld zurück.

Zum Thema „Rückfälle" sei auch noch erwähnt, dass von gewissen Kreisen mit voller Kenntnis der Unwahrheit verbreitet wird, Grönings Erfolge durch Gerüchte herabzusetzen. Begegnete es mir doch unlängst in einem Amtszimmer, dass mir mit ungläubigstem Erstaunen förmlich entgegengerufen wurde: „Ja, sie gehen ja immer noch?" Mein Erstaunen war nicht weniger groß, als ich erfuhr, man habe aus „absolut glaubwürdiger Quelle" erfahren, dass meine Heilung wieder völlig zusammengebrochen sei und dass ich noch schwerer als bisher am Stock gehe. Wer mag solche Lügen erfinden? Wer mag daran interessiert sein? Ich musste den Zweiflern den geheilten Fuß in allen Gangarten vorführen - Gehen, Laufen Springen, um sie davon zu überzeugen, dass an dieser Behauptung kein wahres Wort sei.

Es gibt - auch dies sei gewissenhaft verzeichnet - einzelne Kranke, die jeder Einwirkung Grönings völlig unzugänglich sind. Mehr als einmal ist es mir begegnet, dass alle Umstehenden und ich selbst die Heilwellen in einer fast zu starken Intensität fühlten. Nur der Kranke spürte nichts. Die Gründe dafür sind vielleicht in einer völligen Verschüttung des Unterbewussten oder in schwersten Schäden der Gefühlsnerven zu suchen. Sie werden wohl so lange nicht nachweisbar sein, als umgekehrt auch eine wissenschaftliche Erklärung dafür fehlt, worauf bei den anderen die Heilwirkung beruht. Es ist natürlich ein böses Märchen, wenn behauptet wird, Gröning bezeichne solche Patienten als „von Gott verstoßen". Ich habe im Gegenteil immer wieder beobachtet, dass er alles daransetzte, sie doch noch für die Heilwelle aufnahmefähig zu machen.

Die Aufzählung und Beschreibung von Heilungen könnte allein ein Buch füllen - viel umfangreicher als dieses. Ich verzichte darauf, weil auch die längste Liste grundsätzlich nur wenig Neues bringen würde. Die dargelegten typischen Fälle zeigen jedenfalls, wie vielgestaltig die Möglichkeiten Grönings sind, zu helfen und zu heilen. Versuchen wir abschließend nochmals, nüchtern registrierend die Heilungsfälle in Gruppen einzuteilen. Es ergibt sich nun etwa folgende Übersicht[7]:

1. Heilungen durch eine persönliche, unmittelbare Behandlung durch Gröning selbst.

2. Heilung durch Teilnahme an einer sogenannten „Massenheilung" in unmittelbarer Gegenwart Grönings.

---

gabe dieses Buches) möglich. Genaue Erläuterungen gab Gröning in seiner Rede „Das Wichtigste zuerst" (kostenfrei zu hören unter www.bg-arccvhiv.de).
[7] All diese Punkte erforderten die Anwesenheit des an einen Laib gebundenen Gröning. Würde nur ein einziger Punkt dieser Aufstellung den Heimgang überdauert haben, gäbe es heute immer noch Massenheilungen. Daher kam es im Jahre 1954 zu einem großen Ereignis, welches in der Folge sicherstellte, dass es Menschen bis ans Ende aller Zeiten möglich sein würde das Heil aus sich selbst heraus zu erlangen.

3. Heilung· durch die Übergabe und Anwendung eines „angesprochenen Gegen-
standes", den Gröning
a) selbst berührt und dem Kranken individuell zugesprochen,
b) bei einer Massenheilung angesprochen,
c) berührt oder angesprochen und einem
Dritten mit der Berechtigung der Weiter-
gabe übergeben hat.

4. Fernheilung auf einem bekannten Platz,
auf den Gröning örtlich ausgerichtete Heilwellen entsandt hat. Der Patient ist auf
diesem Platz anwesend.

5. Fernheilung auf die Fürbitte eines Dritten, der den Wunsch Gröning persönlich
vortragen konnte oder aufgrund eines
Briefes, den Gröning tatsächlich erhalten
hat. Der Patient muss davon keine Kenntnis haben.

6. Fernheilung auf einem „angesprochenen Platz" (in dieser Veröffentlichung nicht
mit Beispielen belegt, weil vom Verfasser
nicht selbst beobachtet), auf dem die Heilkraft ebenso verankert sein soll wie in einem angesprochenen Gegenstand.

7. Fernheilung durch intensive gedankliche
Einstellung des Patienten auf Gröning,
ohne dass irgendeine andere Vermittlung
als eben diese gedankliche stattgefunden
hat.

Während die beiden erstgenannten Formen der Heilung nach der Meinung von
Ärzten und Psychologen immer noch eine
Erklärung im Rahmen bekannter wissen-
schaftlicher Forschungsergebnisse zulas-
sen, entfernen sich die übrigen immer weiter in den Raum des Unerforschlichen oder
doch zumindest des heute noch völlig Un-
erforschtes.

WIDERSTREIT
DER MEINUNGEN

Der Versuch, Bruno Grönings Wirken, weil
er Kranke heilt, unter medizinischen Ge-
sichtspunkten zu beurteilen, hat dem gesamten Gedankenaustausch über seine
Person und seine heilende Kraft einen falschen Ausgangspunkt gegeben. Die Beeinflussung eines Kranken durch die Kraft, die
Gröning zu vermitteln vermag, und die Behandlung eines Patienten durch einen Arzt
sind völlig voneinander verschieden. In einer Debatte meinte Dr. Schirammel, es sei
eine besondere Erleichterung für Gröning,
dass er selbst entscheiden könne, welchen
Patienten er annimmt und welchen nicht,
während der Arzt nach dem hippokrati-
schen Ideal jeden Patienten behandeln
müsse. Der Arzt darf, diesen Grundsätzen
nachkommend, nicht richten, nicht aus-
sondern. In der Tat sind viele dramatische
Konflikte im ärztlichen Leben gerade im
Spannungsfeld dieses Berufsethos entstanden, beispielsweise aus der Frage, ob
einem unverbesserlichen Verbrecher die
ärztliche Hilfe verweigert werden darf o-
der nicht. Die strenge Berufsauffassung
verneint ein solches Recht des Arztes, über
Gut und Böse zu entscheiden. Seine Bemühungen müssen darauf gerichtet sein, jeden Kranken zu heilen, der in seiner Praxis
Hilfe sucht und mit der individuellen Heilung des einzelnen Kranken ist zugleich das
Endziel seiner Bemühungen erreicht.

Gröning dagegen erklärt es als sein we-
sentliches Ziel, die Menschen zum Glauben
an Gott zurückzuführen. Die Heilungen
sind für ihn nur ein Weg, um die Wirklichkeit einer göttlichen Kraft vor aller Augen
sichtbar in Erscheinung treten zu lassen.
„Ich will Sie alle gut und gläubig wissen",
sagt er den Heilungsuchenden immer wieder und macht ihnen klar, dass „gut und

gläubig" zu sein oder wenigstens der feste Wille, es zu werden, die erste Voraussetzung sei, die ein Hilfesuchender mitbringen müsse, um die Heilung empfangen zu können[8]. Das bedeutet indessen nicht, wie eine ungenaue Berichterstattung es ausgelegt hat, dass nun alle, welche die Voraussetzung mitbringen, nun auch sogleich geheilt würden, sondern lediglich, wie es Gröning wörtlich sagt, dass jene von der Heilung ausgeschlossen sind, die sie nicht erfüllen.

Die Heilungen - für Gröning selbst nur ein Teil der Anwendung seiner Kraft - sind für ihn deshalb keineswegs nebensächlich. Jeder, der ihn mit einer unerhörten Konzentration tagelang ohne Unterbrechung an der Arbeit sah, weiß, wie er in der Erfüllung seiner Berufung aufgeht, „Menschen zu helfen, Menschen zu heilen". Aber durch sein Heilen erstrebt er nicht allein die körperliche Gesundheit des Patienten, der vor ihm steht. Er will ihn durch das Erlebnis seiner Gesundung zum Glauben an Gott und zu dem Entschluss, im Einklang mit den göttlichen Geboten zu leben, führen und erhofft die gleiche Wirkung auch auf die Zeugen solcher Heilungen. Mit Vorliebe widmet er sich gerade jenen Hilfsbedürftigen, denen die Wissenschaft mit dürren Worten oder durch die Erfolglosigkeit ihrer Bemühungen das „Unheilbar" bestätigt hat. Grönings Heilungen setzen zum überwiegenden Teil erst jenseits der Grenzen der medizinischen Kunst ein, aus deren Lehren er, wie er oftmals betont, nichts angenommen hat.

Alle Theorien und Deutungsversuche, die es erwägen, Gröning in einen der herkömmlichen Heilberufe einzuordnen, die es versuchen, seine „Methode" mit einer der bekannten Methoden der Medizin zu vergleichen oder sie als „Neuheit" an irgendeiner Stelle in das Lehrgebäude der medizinischen Wissenschaft einzubauen, müssen folglich falsch sein.

Es kann nicht klar genug gesagt werden: Ein Patient, der bei Gröning Hilfe sucht, sucht sie überhaupt außerhalb der Medizin. Er geht bewusst einen anderen Weg als den zum Arzt oder zum Heilpraktiker, und keine staatliche „Approbation" des Heilenden nimmt ihm die Verantwortung für diesen Entschluss ab.

Aus diesem Sachverhalt heraus wird auch die oft umstrittene Frage der staatlichen „Genehmigung" der Heiltätigkeit Grönings völlig klar. Die Gesundheitsabteilungen der Innenministerien können ruhig und ohne Bedenken verlautbaren: „Bruno Gröning besitzt keine medizinische Approbation und hat keine staatlichen Examina abgelegt; folglich lehnt der Staat jede Mitverantwortung ab, die er für die Kenntnisse jener Personen übernimmt, die sich seinen Prüfungen unterzogen haben." Aber kein Staat darf seinen Staatsbürgern verbieten, bei Gröning Hilfe zu suchen, und kein Staat darf ihm in den Weg treten, wenn er diese Hilfe gewährt. Die qualifizierten Rechtsbestimmungen für die medizinischen Berufe, denen Gröning nicht angehört, können darauf nicht Anwendung finden, sondern nur die allgemeinen, die für jeden Bürger Gültigkeit haben.

---

[8] Es handelt sich hierbei um die erste und höchste Heilungsvoraussetzung. Ohne die Erfüllung dieser wird niemals auch nur die kleinste Heilung zustande kommen. Sie erklärt auch, warum Gottesleugner und Gegner früher oder später zwangsläufig untergehen werden.

Wer das Zusammentreffen der Kranken mit Gröning durch Verbot verhindern will - wie das z. B. in Nordrhein-Westfalen geschehen ist -, handelt genau so, als wenn er einem Kranken einen anderen außermedizinischen Weg zu seiner Heilung verbieten wollte, beispielsweise den Besuch einer Gnadenkapelle oder den Aufenthalt an einem Ort mit heilkräftigem Klima. Die Entscheidung des bayerischen Ministerpräsidenten und des bayerischen Innenministeriums, dass Bruno Gröning für die, Ausübung einer freien, unbezahlten Liebestätigkeit einer Erlaubnis gar nicht bedürfe, zieht aus der ganzen Sachlage die einzig mögliche Folgerung. Sie verzichtet bewusst auf jede Klassifizierung einer Kraft, die nicht zu klassifizieren ist, sondern als eine eigengesetzliche Erscheinung jenseits des Bekannten liegt.

Ob sie in ihrem gesamten Umfang dauernd unbekannt bleiben wird, oder ob es der Wissenschaft gelingen wird, sie wenigstens teilweise zu deuten und zu erklären, steht dahin. Wer freilich glaubt, diese klärende Aussprache mit dem Argument abzuschneiden, dass er die Heilungen schlechthin verneint, darf sich nicht wundern, wenn das Vertrauen in die Sachlichkeit seiner Argumente erschüttert ist. Ohne Gröning je gesehen zu haben, schreibt z. B. Dr. med. S. an eine Münchner Zeitung über den „Gröning-Rummel" u. a. folgendes: „Als langjähriger ärztlicher Berufspolitiker - ich war vorübergehend auch Leiter der Ärztekammer Bayern - besitze ich eine ziemlich weitgehende Erfahrung auf dem Gebiet der Kurpfuscherei, denn darum handelt es sich bei Gröning, einerlei, wie er seine Fassade tüncht." Mit herablassender Ironie befasst er sich dann in längeren Ausführungen mit dem „Schwindel", bezeichnet Gröning als „Tier- und Menschenbändiger", und empfiehlt

der Zeitung schließlich, einen Aufsatz eines nicht unbekannten Mediziners abzudrucken, der für die Leser ein „ästhetisches Vergnügen" sein werde. Wer am 29. August 1949, dem Datum dieses, Briefes, noch nicht erkannt hat, dass einerseits tatsächlich Heilungen durch Gröning erfolgt sind, und dass es andererseits dem Volk nicht mehr um „ästhetisches Vergnügen" geht, sondern um eben jene Hilfe für die Ärmsten, die außerhalb der Möglichkeiten des Herrn Dr. S. und seiner Kollegen liegt, der dient gewiss am allerletzten dem Berufsstand, für den er Politik treibt. Auch der derzeitige Präsident der Landesärztekammer Bayern bereichert den Gedankenaustausch gewiss nicht, wenn er in abträglichstem Sinne Gröning vorrechnet, dass von den vielen Kranken, die sich vor dem Traberhof versammelt hätten, nur wenige geheilt worden seien. Erstaunlich genug! Von den Unglücklichen, die dort um Heilung baten, waren nahezu alle lange Zeit in ärztlicher Behandlung gestanden, sie hatten teils sogar viele Ärzte konsultiert, ohne dass sie ihre Gesundheit zurückerlangt hatten. Die Versammlung setzte sich gerade aus jenen Kranken und Versehrten zusammen, von denen die Ärzte keinen ganz geheilt hatten. Müsste es nicht jeden Arzt aufhorchen lassen, wenn eine immerhin sehr beachtliche Zahl allein durch die Teilnahme an einer einzigen Massenheilung durch Gröning gesund wird? Darunter sogar solche Kranke; deren Leiden auf Misserfolge einer medizinischen Behandlung zurückgehen?

Der Versuch einer gewissen Richtung der Schulmedizin, Grönings Heilungen schlechthin als Erfindungen, als Massensuggestion eingebildeter Kranker abzutun, ist längst zusammengebrochen.

Beachtenswerter war schon die von der Zeitschrift „Revue" angeregte Überprüfung der Heilmöglichkeiten Grönings in einer Heidelberger Klinik, die anfangs August 1949 stattgefunden hat. Hier wurden ihm unter der Kontrolle von Prof. Fischer und Dr. Wüst Patienten aus der Heidelberger Ludolf-Krehl-Klinik vorgeführt, über deren Leiden genaue ärztliche Voruntersuchungen vorlagen, die ihm indessen selbst nicht bekannt gegeben wurden. Er stellte dabei bis in die Einzelheiten genaue Diagnosen und erzielte in vielen Fällen, die zuvor der Medizin völlig unzugänglich gewesen waren, volle Heilungen. Die Heidelberger Ärzte sahen in ihm einen „geborenen Seelenarzt von großer Begabung", der auf neuen, bisher von der Psychotherapie nicht beschrittenen Wegen zu erstaunlichen Erfolgen gelange. Veränderungen des Blutkreislaufes beispielsweise, die durch die bekannten Methoden des „autogenen Trainings" in monatelanger Behandlung erzielt werden können, bewirkte Gröning in wenigen Minuten. Es wurde auch zugestanden, dass er es verstehe, den Patienten so sehr auf seine Methode einzuspielen, dass er selbst eine Art „Heiltraining" fortsetzen und die gewonnene Heilkraft ohne nochmalige Behandlung in sich festhalten und entwickeln könne. Das klingt schon wesentlich anders als die vorgefassten Meinungen, die Gröning aus weiter Ferne ablehnten, ohne sich überhaupt ernstlich mit ihm befasst zu haben. Bedauerlich bleibt indessen, dass Prof. Fischer seine letztlich doch unzureichenden Erkenntnisse so dargestellt hat, als ob sie die ganze Wahrheit seien. Er glaubte, das „Geheimnis" der starken Wirkung Grönings - neben der zugegebenen Bedeutung seiner persönlichen Erscheinung - in der Verbindung zweier bereits bekannter medizinischer Methoden erkannt zu haben: Fremdsuggestion und Eigensuggestion. Durch diese Verbindung, meint er, werde der Heilerfolg beschleunigt und erheblich sicherer. Diese neue, seiner Auffassung nach durchaus erlernbare Behandlungsweise bezeichnete er als „Gröning- Trick", wobei die Frage offenbleibt, ob er einen solchen immerhin recht bedeutsamen medizinischen Fortschritt auch dann als „Trick" bezeichnen würde, wenn er etwa das Ergebnis der Forschungen eines berühmten Gelehrten wäre. Es ist verwunderlich, dass gerade Prof. Fischer diese sehr enge Deutung vornimmt, da ihm nachweislich Erfolge Grönings bekannt sind, bei denen sich weder die richtige Diagnose durch eine erstaunliche Einfühlungsgabe, noch die Heilung durch irgendwelche Formen von Suggestion erklären lässt: Ferndiagnosen und Fernheilungen, bei denen Gröning niemals irgendwelche persönliche Verbindung mit dem Patienten hatte. Bei allen diesen Fernwirkungen scheidet jegliche Suggestion aus, für die sich aber auch bei der unmittelbaren persönlichen Begegnung keinerlei Anhaltspunkte finden lassen.

Prof. Fischer scheint auf dem Münchner Psychologenkongress 1949 mit dieser Theorie wenig Gegenliebe gefunden zu haben. Hier kam stattdessen ein sehr interessanter Versuch einer Deutung zur Sprache, dessen Kenntnis ich dem Psychotherapeuten Dr. Fliegner verdanke. Auf der Psychologentagung vertrat ihn Dr. Herzog. Er besagt ungefähr folgendes: Der Schweizer Psychologe Prof. Jung hat die Theorie entwickelt, dass in den allertiefsten Schichten des menschlichen Unterbewusstseins für verschiedene Urbegriffe ganz bestimmte, ausgeprägte Typen leben. Sie stammen wahrscheinlich aus der frühesten Zeit des Menschen überhaupt. Solche Archetypen, wie sie Jung nennt, gibt es z. B. für Mann und Frau, Vater und Mutter, Hexe, Riese, und einer dieser Archetypen ist auch der Heiler, der imstande ist, die gequälte Kreatur von seelischer Bedrückung, Leid und Krankheit zu erlösen. Jung nimmt an, dass wir alle unbewusst in unserem irdischen Leben auf der Suche nach Menschen sind, die diesen unterbewussten Vorstellungen entsprechen, und wenn nun eine Begegnung eine sogenannte Archetypendeckung zustande bringt, so entstehen unvermittelt seelische Beziehungen und Wirkungen. Wenn z. B. ein Kind, dessen Vater seiner unterbewussten Vorstellung vom Wesen eines Vaters wenig entspricht, vielleicht einem Lehrer begegnet, bei dem dies der Fall ist, so kommt es oft zu einem besonders vertrauensvollen Anschluss des jungen Menschen an diesen Erzieher. Auch die „Liebe auf den ersten Blick" erklärt sich nach Jung aus einer Archetypendeckung. Es scheine nun: So wurde auf dem Psychologenkongress argumentiert, dass für eine unglaublich große Zahl von Menschen sich die Erscheinung Grönings mit dem Archetyp des Heilers decke, und dass aus dieser plötzlichen seelischen „Zündung" viele Spontanheilungen zu erklären seien, die sich nicht nur bei der persönlichen Begegnung mit ihm, sondern sogar durch das Betrachten eines Bildes oder eines Filmes, durch das Anhören einer Rundfunkansprache, ja sogar durch intensive Einstellung auf seine durch den Bericht Dritter vermittelte Erscheinung erklären lassen.

Vielleicht macht diese Archetypendeckung zumindest einige Zusammenhänge der Heilungen erklärlich, wenn auch längst nicht alle.

Es würde auch erklärlich, warum manche Menschen, deren Unterbewusstsein durch eine zu starke „intellektuelle Kruste" zugedeckt ist, bei einer Begegnung mit Gröning nichts empfinden als nüchternes Interesse.

Auch die Archetypen-Theorie ist indessen nur ein Teil einer Erklärung. Sie bezeichnet vielleicht die äußerste Grenze des Erforschlichen in dieser Angelegenheit. In vielen Fällen nämlich sind die geheilten Patienten auch gedanklich Gröning nie begegnet. Wenn eine unheilbare Kranke in Amerika, ohne von ihm irgendetwas zu wissen, in dem Augenblick geheilt ist, in dem ihre Mutter in Augsburg ihn um diese Heilung bittet, dann kann eine Archetypendeckung zwar bei der Mutter vorgelegen haben, niemals aber bei der Tochter. In solchen Fällen wird nichts bleiben als ein bescheidenes Ignorabimus, als die ruhige Verehrung des Unerforschlichen. Über dem Auditorium Maximum der Münchner Universität steht in Stein gemeißelt der Satz: „Ne quid falsi audeat, ne quid veri non audeat diecre scientia" - die Wissenschaft solle nichts Falsches zu sagen und nichts Wahres zu verschweigen wagen. Auch dann nicht, wenn die Konstatierung einer unerforschten Kraft mit dem Bekenntnis verbunden werden muss, dass man ihr Wesen noch nicht zu erklären vermag!

Diese Einstellung dürften im Wesentlichen auch jene Ärzte teilen, die sich zu dem für sie nicht leichten Entschluss durchringen, ihre „unheilbaren Fälle" selbst zu Gröning zu bringen. Ihre Zahl wird immer größer. Es sind jene wahren Ärzte, die aus ihrer Berufung zum Heilen heraus bereit sind, die Grenzen ihres Könnens einzugestehen und in der Sorge für ihre Kranken Gröning als Helfer anzurufen, sobald sie erkennen, dass ihre eigenen Möglichkeiten der Schwere des Falles nicht mehr gewachsen sind. Mehrmals habe im es erlebt, welche fruchtbaren Wirkungen sich daraus ergaben: Zunächst wurde der Patient vor dem belastenden seelischen Konflikt bewahrt, hinter dem Rücken seines Arztes selbst diesen Weg zu gehen. Wenn der Kranke von sich aus den Weg zu Gröning gefunden hat und dies seinem Arzt (der regelmäßige Besuche macht) verschweigt, ergibt sich leicht die Gefahr, dass Umstellungsschmerzen nicht als solche erkannt und mit unzweckmäßigen Mitteln bekämpft werden. Begleitete hingegen der Arzt seinen Patienten zu Gröning, so kam es stets zu einer gegenseitigen fruchtbaren Aussprache, die immer auch dazu führte, dass der Arzt die Nachbehandlung, die ja oftmals sehr viel Sorgfalt und Geduld erfordert, mit Grönings eigenen Weisungen in Einklang bringen kann.

Die Ärzte, die so handeln, haben niemals die Vorstellung, einen „berühmten Kollegen" zurate zu ziehen, sondern sind sich stets bewusst, dass sie einen außermedizinischen Weg beschreiten. Es sind übrigens immer gerade jene Ärzte, die selbst in ihrem Beruf erfolgreich sind, - die Fähigen haben noch stets ihre Grenzen leichter anerkannt, als die Mittelmäßigen! So erklärt in „Hippokrates" Professor Dr. A. Brauchle folgendes: „Ich sehe vor meinem geistigen Auge immer zwei Ärzte: Den äußeren medicus practicus mit seinen naturwissenschaftlichen Kenntnissen, die kaum älter als 100 Jahre sind - und den inneren Archaeus, den Träger der Selbstregulation, dessen Erfahrung an den Anfang des Lebens auf der Erde zurückreicht, also Jahrmillionen umfasst. Es scheint ein persönlicher Mangel zu sein, dass ich diesem Archaeus mit größerem Respekt als dem von »Erfolg zu Erfolg« eilenden medicus externus begegne. Wenn die naturwissenschaftliche Therapie wirklich im weltweiten Blick, eine ganz große Heilkunst wäre, müsste diese sich in einer Stilllegung von Krankenhäusern und nicht in deren dauernden Vermehrung ausweisen. Sie ver-

nachlässigt zum Mindesten die Vorbeugung und das Studium jener Kräfte, die unter Selbststeuerung zusammengefasst werden. Die gegenwärtige Menschheitsgeschichte ist eine Abkehr von Gott und Natur und eine Aufblähung von Technik und Wissenschaft. Was dabei herauskommt, haben wir schmerzlich erlebt." Diese Einstellung, unerforschte heilende Kräfte jenseits der Medizin anzuerkennen, überhaupt eine Lebenswirklichkeit jenseits unseres Wissens zu bejahen, ist oftmals die kostbare Frucht eines reichen Forscherlebens gewesen. Der Physiker Planck, der Chirurg Bier und manche andere von Rang und Namen standen am Ende ihres Schaffens, an jenem Grenzsaum der menschlichen Erkenntnis, an dem das Übersehbare, Berechenbare, Messbare aufhört und der Glaube an die Stelle des Wissens treten muss. Ich bin der Überzeugung, dass die unerklärliche Kraft Grönings ihren Ursprung jenseits dieses Grenzsaumes hat und dass es deshalb wohl die dankenswertere Aufgabe ist, ihre Wirksamkeit auf eine möglichst große Zahl von Kranken zu fördern, als zu versuchen, sie zu deuten, zu erklären und zu klassifizieren.

ICH GEBE IHNEN ZU WISSEN...

In dem ganzen Widerstreit der Meinungen um Bruno Gröning haben, wie wir zuvor festzustellen, Journalisten, Ärzte, Naturwissenschaftler immer wieder versucht, von ihrer gewohnten gedanklichen Sphäre aus über die Untersuchung der feststellbaren Heilerfolge an das Geheimnis der Kraft Grönings heranzukommen. Merkwürdigerweise wurde die nächstliegende Quelle der Unterrichtung nur äußerst selten benützt: Grönings eigene Worte. Man hatte es sich in der oberflächlichsten Weise zur Gewohnheit gemacht, seine Reden und Gespräche als eine Art Begleiterscheinungen seiner Heilungen zu behandeln, die ebenso gut wegbleiben könnten, und sich nicht klar gemacht, dass er in ihnen den einzigen Schlüssel gibt, der den Zugang zum Verständnis dessen öffnet, was wir staunend an unerklärlichen Erscheinungen um ihn erleben. Mancher Kranke, der bei einem Besuch bei Gröning die heilende Kraft deutlich fühlbar empfing, gelangte trotzdem nicht zur Heilung - nach meiner Meinung nur deshalb, weil er es unterlassen hatte, die Worte des Heilenden gewissenhaft in sich aufzunehmen und zu beherzigen. Das Wort, jedes einzelne gewichtig genug, um es zu wägen und ernst zu bedenken, ist bei Grönings Heilungen von einer so ausschlaggebenden, bewegenden Bedeutung, dass man fast sagen könnte:

Wer das Wort nicht hören will, braucht die Heilung gar nicht zu suchen, denn das Wort ist die leitende, führende Kraft, die Heilung in sich zu bewahren.

„Im gebe Ihnen zu wissen ..." Wenn Gröning mit diesem Satz eine Mitteilung einleitet, so ist das keine gewohnheitsmäßige Redewendung, sondern dieser Satz besagt:

Er gibt den Hörern das Geschenk, etwas vom Wesen seiner Kraft, das sie vielleicht bis dahin nur vermuten, nur ahnen konnten, nunmehr zu wissen[9].

Lesen wir aus einer seiner Reden (Traberhof, 27. 8. 1949 abends), was er selbst über seine Heilungen sagt:

„Wer empfängt und wer hat ein Recht auf Heilung? Ein Recht hat nur der, der den göttlichen Glauben in sich trägt und mit ihm zu leben gedenkt. Weiter gibt es Menschen, die schon Jahre den Glauben verloren, schon Jahre den Glauben beiseitegestellt und im Gegenteil ihn noch durch Schmutz und Dreck gezogen haben. Ich gebe Ihnen zu wissen, dass Sie alle, so wie Sie hier in dieser großen und göttlichen Welt leben, nur Kinder Gottes sind. Der alleinige Arzt, der Arzt aller Menschen, ist und bleibt unser Herrgott. Nur er kann helfen. Hilft aber nur dem Menschen, der den Weg zu ihm gefunden hat, oder aber, wie ich schon sagte, bereit ist, den Weg anzutreten, den Glauben in sich aufzunehmen und mit ihm zu leben[10]. Sie brauchen nicht an den kleinen Gröning zu glauben, aber Vertrauen müssen Sie mir entgegenbringen, und dem Herrgott für seine große Tat, für seine große Macht, für seine Herrlichkeit danken. Nicht ich will den Dank. Nein. Den habe ich auch nicht verdient. Ich tue genauso meine Pflicht, wie Sie die Ihre in Ihrem Beruf .... Es liegt am Menschen selbst, wie er sich frei gemacht hat, um die

---

[9] Etwas moderner ausgedrückt könnten wir heute sagen, dass er mit den Worten „Ich lasse Sie wissen..." eine Mitteilung von ganz oben einleitet.

[10] Dies klingt zunächst etwas ungewöhnlich, entspricht aber voll und ganz der Lehre Jesu.

Heilung zu empfangen. Das heißt, er muss rein sein. Er muss wissen, dass er kein Gotteslästerer ist. Er muss wissen, dass er sich verpflichtet und verbunden fühlt, mit dem Herrgott zu leben. Dann ist er rein."

Auch in privaten Gesprächen hörte ich von Gröning oft die entschiedene Feststellung, dass er die Verantwortung vor Gott trage, die „Heilung durch die rein göttliche Kraft" nur an den Leidenden zu vollziehen, die zumindest des guten Willens sind, dem göttlichen Gesetz gemäß zu leben und jene von der Heilung auszuschließen, die nicht bereit sind, vom Bösen abzulassen[11].

„Ich könnte", so sagte er, „eine Massenheilung auch so vollziehen, dass ich sage: »Alle Kranken einer Stadt oder eines Landes werden gesund«. Aber wäre damit nicht mehr verloren als gewonnen? Würden die Schlechten unter den Kranken damit zur Umkehr bereit? Würden sie nicht nur die wiedergewonnene Gesundheit missbrauchen? Nein! Zuerst muss der Mensch eine innere Umkehr in sich bewirken, zuerst muss er bereit sein, das Teuflische aus sich herauszureißen, und den Weg zu Gott finden. Erst dann ist er es wert, geheilt zu werden."

Die Gegner Grönings haben diese Einstellung scharf angegriffen und die Gefahr daraus abgeleitet, dass jeder Kranke, der von Gröning nicht geheilt werde, sich nun als von Gott verstoßen fühlen und unter dieser seelischen Belastung noch schwerer leiden könne als zuvor. Gröning selbst lehnt diese Auslegung seiner Worte entschieden ab und bezeichnet sie als bewusst böswillig. Wer sich angewöhnt, Worte genau zu überlegen, kann aus Grönings Sätzen auch nichts anderes herauslesen, als das: dass er den Bösen, den Gottesleugner, grundsätzlich von dem Empfang der Heilung ausschließt. Das heißt aber durchaus nicht, dass nun umgekehrt alle anderen auch tatsächlich geheilt würden. Es heißt nur, dass sie dazu zugelassen sind, die Heilung zu erbitten. Ob sie in jedem einzelnen Falle dann auch tatsächlich erfolgt, dafür gibt es noch eine Reihe von Kriterien, die außerhalb jedes Urteils über den Patienten liegen, - Fragen, über die Gröning auch im vertrauten Kreise nur ungern spricht[12].

Über die Ursachen der Menschheitskrise, die wir in unseren Tagen erleben, sagte Gröning (Traberhof, 31. 8. 1949 abends):

„Der Mensch ging vor Jahrhunderten den Weg ab von der Natur, von dem Glauben an unseren Herrgott. Jeder glaubte, sich allein behaupten zu können. Jetzt sind wir auf dieser Erde, jetzt richten wir uns ein, wie wir das wollen, und wir werden uns schon zu helfen wissen, glaubte jeder.

---

[11] Damit schützt, auch dies klingt zunächst ein wenig erstaunlich, denn noch nicht zu heilenden Menschen vor noch größerem Schaden. Auch dies stimmt mir der Lehre Jesu überein. Detaillierte Informationen hierzu finden sich im Buch „Die Wahrheit über Ihr Karma" unter www.buchstede.de.

[12] Es handelt sich dabei um die Heilungsvoraussetzungen, die er in seinen Reden, je nach Schwerpunkt, immer und immer wieder besprochen hat. Wer da ist guten Willens, wird diese aus sich selbst heraus erkennen. Die erste Voraussetzung lautet: Zumindest dazu bereit zu sein, d. h. an Gott zu glauben. Die zweite Voraussetzung lautet: Der Mensch muss sich zuerst ändern (umkehren).

Aber ich gebe Ihnen zu wissen, dass niemandem geholfen werden kann ohne unseren Herrgott. Und wer glaubt, sich der Natur, die der Herrgott so schön für uns Menschen geschaffen hat, zu entziehen, der soll gehen, wohin er will. Man hat geglaubt, einer könnte sich vom anderen unterscheiden, indem er der Natur den Rücken kehrt und die Stufen der Kultur besteigt. Da liegt der Fehler, da liegt alles, das ist es, was dem Menschen fehlt: die Natur. Zurück zur Natur! Zurück zu unserem Herrgott, zurück zum Glauben, an das Gute im Menschen! Bisher waren Hass und Neid nicht nur unter den Deutschen, sondern unter allen Völkern der Erde. Auch dieses muss einmal ein Ende haben. Ein Ende hat es erst dann, wenn jeder den Weg zum Glauben zurückgefunden hat. Dann gibt es keine Gehässigkeiten unter Ihnen, unter den Völkern der Erde. Und der Weltfriede ist dadurch gesichert."

Was er von allen, die Heilung erfahren wollen, erwartet, umschrieb er (Traberhof, 27. 8. 1949 abends) folgendermaßen:

„Sie sollen Mensch zu Menschen sein. Liebe Deinen Nächsten wie Dich selbst! Nicht gehässig sein, nicht falsch, niemanden etwas Schlechtes antun! Sie sollen alle gut sein, gut untereinander. Sie sollen wissen, dass Sie zusammengehören, ob arm oder reich. Nie neidisch sein! Der eine hat und der andere hat nicht. Das Beste und Größte, was Reichtum ist, ist ja nicht das Geld, wie Sie dachten. Reichtum ist Gesundheit. Gesundheit ist alles, mehr als Geld. Und deswegen haben Sie keine Berechtigung, über den anderen Menschen, der etwas mehr Geld hat, zu sagen, dass er reicher ist."

Gröning selbst ist Katholik. Wenn er von den Heilungsuchenden indessen den Glauben an Gott erwartet, dann denkt er dabei nicht nur an seine eigene Konfession. Oftmals betonte er, dass es keinen Unterschied ausmache auf welchem Wege ein Mensch Gott suche, denn „alle Menschen sind nur Gottes Kinder". Aber immer wieder fordert er die unbedingte Ehrlichkeit und Gewissenhaftigkeit der Gottsuche; jede Veräußerlichung des Religiösen ist ihm zuwider. So mahnt er in seiner Rede an die Kranken (17. 10. 49 in Rosenheim):

„Man braucht mir nur das Vertrauen entgegenzubringen, nicht nur in die Augen, sondern überall, gleich, wo der Mensch sich befindet. Aber das Schwerste hierbei ist, dass der Mensch dem göttlichen Glauben, den er in sich führt, auch genau nachgibt und dem entsprechend lebt. Es soll nicht nur so sein, wie Menschen sich das bisher vorgestellt haben, dass sie einmal in der Woche, und das ist der Sonntag, ins Gotteshaus gehen und dort beten, und damit wäre das wieder für die Woche abgetan, und sie können sich dann bewegen, wie sie gerade Lust und Liebe dazu haben. Das ist falsch. Wenn ich sage, ich glaube an den Herrgott, so muss ich auch dementsprechend der Mensch sein, muss Vorbild sein, muss zeigen, dass ich ein guter Mensch bin." Zwischendurch bedankt sich ein Patient für die eben erfolgte Heilung. Gröning fährt fort: „Der Dank gebührt nicht mir, der Dank gehört unserm Herrgott. Danken Sie ihm Ihr ganzes Leben. Beweisen Sie es, dass Sie tatsächlich ein gottgläubiger Mensch sind. Gehen Sie in das Gotteshaus, beten Sie dort andächtig! Nicht wie bisher, dass einzelne, vielleicht auch viele dorthin nur gegangen sind, um zu sehen, was der eine oder andere Mensch für Kleidung trägt und um über ihn zu reden, und vieles andere Schmutzige, was ich mit eigenen Augen und Ohren gesehen und gehört habe. Das soll man nicht tun. Wenn man zur Kirche geht, dann soll man andächtig dem Herrgott für all das danken, was er Gutes an den Menschen getan hat."

Aus diesen Worten Grönings spricht auch die Ablehnung jeder Sektenbildung um seine Person: Er bekennt sich als Katholik. Er weist die Menschen in die Gotteshäuser ihrer Konfession. Er fordert von ihnen die Vertiefung ihres religiösen Lebens und erwartet von ihnen ein praktizierendes Christentum, oder, wie er selbst sich ausdrückte ein „rechtschaffenes, tätiges christliches Leben". So war denn auch bei den Zuhörern seiner Reden immer festzustellen, dass sie sich in ihrer (nicht irgendeiner neuen oder veränderten) religiösen Überzeugung bestärkt fühlten, dass sie in den Heilungen eine sichtbare Bestätigung ihres Glaubens fanden, dass sie die Heilungen mit den Dankgebeten ihrer Kirche begleiteten, ohne dass dies jemand als nicht gemäß empfunden hätte. „Ich will Sie alle gut und gläubig wissen", sagt er seinen Hörern so oft. Er warnt die Geheilten vor der Macht des Bösen und schärft ihre Aufmerksamkeit dafür, das Böse nicht nur im Abstoßenden zu erkennen, sondern noch viel mehr im Verlockenden, gleich, wie es sich tarnen möge. Einmal erwiderte er auf meine Frage. „Heute ist es wohl so, dass neun Zehntel der Menschen irgendwie dem Bösen verhaftet sind. Ich muss alles umkehren. Ich muss sie vom Bösen losreißen, sodass letztlich wohl neun Zehntel gut sind." Die Rolle des Bösen als Widerpart und Maß des Guten hält er für eine ewige. Es werde immer Menschen geben, die sich so bewusst dem Bösen verschrieben haben, dass sie nicht daraus erlöst werden können. Hingegen ist Gröning der Auffassung, dass der überwiegende Teil aller Menschen, die böse Taten begangen haben und begehen, Opfer widriger Umwelteinflüsse und eigener Schwäche sind

und irgendwie die Sehnsucht nach dem Guten im Herzen tragen. Ihnen will er im besonderen helfen. Mit einer blitzschnellen Intuition „peilt er die Menschen, durch", die vor ihm stehen. Als ich eines Sonntags zu früher Morgenstunde mit ihm durch Rosenheim fuhr, wandte er sich an mich: „Das war jetzt schön. Die Menschen, denen wir hier begegnet sind, waren alle gut." Vor einer großen Massenversammlung, vor der er sprechen sollte, scheute er hingegen geradezu zurück und erklärte mir, dass ihn ein Grauen ergreife vor einem solchen Widerstreit böser Gedanken, wie sie unter diesen Menschen offenbar seien. „Sind die schlecht!" sagte er so abweisend, wie ich niemals zuvor und danach ein Urteil über Menschen von ihm gehört habe.

Im Laufe einer solchen Unterhaltung über Gut und Böse brachte ich auch einmal die Frage der Willensfreiheit zur Sprache. Mit einer ganz besonders präzisen Entschiedenheit lehnte Gröning jede Beeinträchtigung der menschlichen Willensfreiheit ab. „Ich darf einem Menschen helfen, den Weg zum Guten zu finden, aber ich darf ihm die Entscheidung darüber weder abnehmen noch ihn etwa zum Guten zwingen. Es muss jeder seinen Weg selber finden." Gerade aus diesem Grunde, die menschliche Entscheidungsfreiheit nicht anzutasten, lehnt er „Suggestion und Hypnose als etwas Teuflisches" ab.

Gröning arbeitet oft lange Zeit - mehrere Tage lang - ohne Schlaf und ohne Nahrung. Höchstens, dass er dann einmal eine Viertelstunde abseits in einem Sessel zubringt, ganz in sich versunken. Niemand soll ihn in diesen Augenblicken ansprechen. Dass solche großen seelisch- und körperliche Leistungen seine Freunde besorgt machen, ist verständlich. Da taucht dann immer die etwas ängstliche Frage auf, ob sich denn bei einer solchen Verausgabung seine Kraft nicht erschöpfe. Er lehnt diese Auffassung ab und meint sogar, er werde dadurch eher stärker. Die göttliche Kraft ströme immer neu in ihn ein. „Sie müssen sich das mit einem groben, leider zu äußerlichen Vergleich etwa so vorstellen", erklärt er, „dass Gott das unerschöpfliche Kraftwerk ist und ich der Transformator, der den Strom so an die Kranken verteilt, wie sie ihn brauchen. Menschen fürchte ich überhaupt nicht", fuhr er fort, "ich habe nur Gott zu fürchten. Ich könnte meine Kraft verlieren, wenn ich sie missbrauchen würde. Ich darf nur einen einzigen Stolz haben, nämlich den, dass ich auch meinem Todfeind nie etwas Schlechtes gewünscht habe. Meine Kraft würde schwinden, wenn ich auch nur einmal eine Heilung um eines eigenen Vorteils willen vollziehen würde."

Vor Geld hat er einen fast panischen Abscheu. Mehr als einmal sah ich, dass er Heilungsuchende schroff zurückwies, weil sie ihm Geld bieten wollten. Als die Besprechungen über die Errichtung von Heilstätten unvermeidlich bei der Kostenfrage anlangten, wollte er ganz klar gesichert wissen, dass die aufgebrachten Mittel ausschließlich für die Sachausgaben und die maßvolle Honorierung der Mitarbeiter verwendet würden. Seine Heilungen wolle er genauso kostenlos vollziehen wie bisher. „Wenn ich selbst einmal ein paar Mark brauche, arbeite ich einige Zeit irgendetwas anderes, wofür ich mich bezahlen lassen kann, aber für die Heilungen nehme ich nichts." So hielt er unerschütterlich an seinem Standpunkt fest, auch wenn es der Reichste ist, der ihm Geld bietet: „Der soll es für die Armen geben, aber nicht für

mich." Patienten, die ihm mit eigenen Wagen nachreisen, lässt er ruhig warten, wenn noch Arme nach ihm rufen, die seiner Hilfe bedürfen. „Der reiche Kranke", sagt er, „kann sich eine Fülle von Erleichterungen schaffen, die der Arme entbehren muss, und er ist auf den täglichen Verdienst nicht so angewiesen wie der Unbemittelte. Er kann deshalb leichter warten als dieser." Macht der ungeduldige Reiche dann gar Angebote, so schickt er ihn fort. „Kaufen Sie sich Ihre Gesundheit wo Sie wollen - nur nicht bei mir."

Die Sorgen und Nöte der Menschen finden weit über das Gesundheitliche hinaus seine Anteilnahme. Ungeschminkt will er auch die Meinung des Volkes über sich selbst hören. „Ich habe heute Nacht hier auf der Bank[13] gesessen", erzählte er einmal den vielen Wartenden. „Viele Menschen waren hier, sie haben sich von allem Möglichen unterhalten. Ich bin selbst Zeuge. Wenn Sie glaubten, dass ich geschlafen habe, kann ich sagen: Nein. Ich habe hier auch lange auf dem Boden gelegen, nicht aus Neugier, um tatsächlich einmal Zeuge zu sein, wie das kranke Volk über den kleinen Gröning spricht. Denn diese Gelegenheit wird mir nicht immer geboten, dass ich aus Ihrem Munde Direktes höre, ohne dass sie wissen, dass ich dabei bin." Was diese Ärmsten der Armen, die mit unheilbaren Leiden behaftet, vor dem Traberhof auf Gröning warteten, sprachen, zeigte allerdings, dass gerade sie ihm mit einer rührenden Anhänglichkeit und Treue zugetan waren. Über die eigentliche Heilbehandlung hinaus fühlten sie sich glücklich und geborgen, dass sie einmal einer gütigen Hilfsbereitschaft ohne vorherigen Nachweis der Bedürftigkeit,

---

[13] auf dem Balkon des Traberhofes.

ohne Formulare, Fragebogen und Formalitäten begegneten. Vor allem jene verschämten Verarmten, die - unfähig, noch Geldmittel für ihre Gesundheit aufzubringen - doch nicht gelernt haben, andere darum zu bitten, haben mit unendlichem Dank die menschliche Größe eines Mannes empfunden, der ihnen selbstlos hilft, ohne auch nur nach ihrem Namen zu fragen.

Wer Gröning noch nicht näher kennt, vor allem die meisten Ärzte, stellen ihm als erste Frage: „Weiche Krankheiten können Sie heilen?" Gröning selbst erklärt grundsätzlich jedes Leiden heilen zu können. Bei einigen besonders schweren Krankheiten komme es indessen darauf an, in welchem Stadium sich der Patient befindet. Ein Krebskranker, der bereits völlig ausgezehrt ist, kann beispielsweise wohl noch eine Linderung der Schmerzen, aber keine Heilung mehr erfahren[14]. „Es gibt Menschen, deren Lebenszeit schicksalsmäßig abgelaufen ist, die meinem Freund, dem Tod, schon zugehören. Hier darf ich nicht eingreifen", sagte Gröning einmal. Ausdrücklich betont er indessen, dass er selbst Krebs im Anfangsstadium heilen könne, und leitet daraus eine unermessliche Aufgabe für die Ärzte ab: Die Frühdiagnose aller Krebsverdächtigen vorzunehmen, um sie rechtzeitig seiner Einflussnahme zuzuführen. Es gibt Krankheiten, die er fast stets in wenigen Augenblicken abziehen kann, wie etwa Asthma. Sehr rasche Spontanheilungen erfolgen auch häufig bei Leiden, die irgendwie mit einer Lähmung des

Nervensystems zusammenhängen, darunter auch schwerste körperliche Lähmungen. Andere Patienten wiederum müssen sich auf längere Umstellungszeiten vorbereiten. „Ich muss beleben", erläutert er, „was schon lang tot dalag. Es ist nicht immer gleich zu fühlen, dass das neue Leben eingezogen ist. Oft muss einer lange warten, aber dann kommt es ganz plötzlich. Wenn er sich nicht unterdessen von dem bösen Geist des Zweifels und der Kleingläubigkeit anrühren ließ." Diesen Heilungsuchenden, die sich auf Wartezeiten einrichten müssen, sagt er gerne: „Umgekehrt ist auch was wert", ein Wort, das eine Zeitschrift als „etwas unverständliche Redewendung" bezeichnet. In der Tat kehrt dieser Satz immer wieder. Er soll dem, an den er gerichtet wird, klar machen, dass eine Umkehr vollzogen sei und dass es nun an ihm liege, was er aus dieser Umkehr entwickle. So schloss eine seiner Reden: „Wonach Sie gekommen sind, haben Sie erhalten. Nun liegt es an Ihnen selbst, wie Sie es behalten."

Das Behalten der Heilung fordert von den Geheilten fraglos ein hohes Maß an Glauben und geistiger Disziplin. An diesem kritischen Punkt entscheidet sich die Festigkeit der wiedererlangten Gesundheit. Wie ich immer wieder aus den Gesprächen Grönings mit den Patienten entnehmen konnte, fällt es vielen Menschen, die den Keim der Genesung bereits in sich aufgenommen haben, ungemein schwer, den

---

[14] Jesus erläuterte während seines Erdenlebens solche Begebenheiten. Demnach beginnt der Sterbevorgang nicht mit einem Organversagen, sondern mit dem loslösen der Seele vom Körper. Aus der begrenzten Sichtweise der Medizin ist der Mensch noch nicht Tod (ein Zustand, den

es ohnehin nicht gibt). Durch die Ablösung der Seele, die bei manchen Menschen sehr lange dauern kann, wird die Fürsorge der Seele für den Körper stufenlos eingestellt. Die dabei durchzumachenden Schmerzen sind, auch wenn es hier ein wenig sonderbar klingt, zum Vorteil des Menschen.

Glauben an die „wunderbare" Wende ihres Lebens in sich zu bewahren, wenn vorerst vielleicht nichts für sie unmittelbar wahrzunehmen ist als ein leichtes Ziehen oder Kribbeln in der Hand bei der persönlichen Begegnung mit Gröning oder bei der Berührung eines angesprochenen Gegenstandes. Zuweilen bedürfen selbst diese kaum spürbaren ersten Reaktionen bereits einer gewissen Vorbereitungszeit. Doppelt schwer fällt alles, wenn ein Kranker den Fehler gemacht hat, allen seinen Bekannten etwa die silberne Kugel zu zeigen[15]. Denn unversehens ist er umringt von Skeptikern, ja Gegnern Grönings, die ins Lächerliche zu ziehen versuchen, was sie nicht verstehen. Nicht jeder bewahrt in einer solchen Lage das unerschütterliche Vertrauen. Auch der Regelungsschmerz verwirrt die Patienten oft genug. „Der Regelungsschmerz muss sein", sagt Gröning. „Es befürchten oft einzelne Menschen, wenn der Regelungsschmerz einsetzte, dass ein, Rückfall eingetreten sei. Sie bekamen Furcht und sagten: »Es ist noch schlimmer, gehen wir zum Arzt.« Einzelne wussten, dass wieder auszuschlachten und, sagten: »Statt gesund macht er die Leute krank.« Deswegen mache ich Sie darauf aufmerksam, wenn der Regelungsschmerz kommt, das zu erdulden. Es passiert nichts Schlimmes, sondern nur, dass der Mensch gesund wird.[16]" Unmittelbar darauf stand Gröning in einem Kreuzfeuer von Fragen. Viele Anwesende schilderten ihm ihre Schmerzempfindungen, um zu erfahren, oh es sich hier nun wirklich nur um den Übergang zur Heilung handle. Eine Frau: „Mein Töchterchen hat eine Kugel bekommen. Es ist gelähmt. Seitdem hat sie besser ihr Köpfchen halten können, war aber seitdem sehr apathisch. Gehört das zur Heilung?" Gröning: „Gehört dazu." Ein Blinder, der vor 26 Jahren das Augenlicht verlor, schildert, wie er unter sehr erheblichen, ja, beängstigenden Schmerzen die Sehfähigkeit wenigstens teilweise zurückerhalten habe und fragte, ob und nach welchem Zeitraum er auf die volle Heilung hoffen könne. Gröning: „Auch hier ist wieder der Beweis, dass das ebenfalls seiner Regelung bedarf. Wenn Sie ängstlich gewesen wären, wären Sie umgefallen, und hätten vielleicht sonst was mit Ihren Augen gemacht. Da Sie aber standhaft geblieben sind und das mit in Kauf genommen haben, können Sie jetzt etwas sehen und das Weitere bleibt abzuwarten. Bestimmen Sie bitte von sich aus keine Zeit. Es geht über kurz oder lang, es kann mitunter nur Sekunden dauern. Bei Ihnen ist es heute noch nicht so weit."

Solche Übergangskrisen können freilich harte Belastungsproben sein. Ein junges Mädchen litt an nächtlichen Kaukrämpfen, ohne sich selbst dessen bewusst zu sein. Das knirschende, mahlende und knackende Geräusch des verkrampften Gebisses war so intensiv, dass man es durch zwei, drei verschlossene Türen hörte. Als die Patientin von Gröning eine Kugel erhielt, stellten sich bald die ersten Umbildungserscheinungen - Müdigkeit und zeitweise Übelkeit - ein. Am Morgen der entscheidenden Krise lag das junge Mädchen mit verdrehten Augen, völlig verwirrtem

---

[15] Das gilt auch heute noch unverändert. Auch wollte er es, dass wir erst über ihn und seine Lehre sprechen, wenn wir selbst wieder vollkommen heil geworden sind und darauf angesprochen werden, wie wir zum Heil gekommen sind. Alles andere ist für den Satan ein willkommenes Fressen.
[16] Darauf geht der Gemeinschaftsleiter immer wieder etwas genauer und umfassender ein.

Denkvermögen und fast gelähmten Gliedern im Bett, hatte dann wieder plötzlich unter unzusammenhängenden Reden den Wunsch, aufzustehen, obwohl es nicht mehr Herr seiner Glieder war. Die entsetzten Eltern schwankten einen Augenblick, ob sie Hilfe herbeiholen sollten, entschlossen sich aber schließlich, die Tochter nur im Bett festzuhalten. Die Kugel, die sie aus eigner Kraft nicht hätte halten können, legten sie unter das Kopfkissen. Bald danach erbrach die Kranke Schaum. Wenige Minuten später war sie fest eingeschlafen, schlief während des ganzen Tages und wachte des Abends gesund auf. Die Kaukrämpfe haben sich nur noch gelegentlich ganz schwach wiederholt.

Die Angehörigen eines andern Kranken bestanden die Nervenprobe nicht. Der Patient hatte einen totalen psychischen Niederbruch erlitten. Er war ein ausgesprochen „schwerer Fall". Als Gröning ihn behandelte, spürte ich in meinem Kopf die Heilwellen fast schmerzhaft - der Patient reagierte überhaupt nicht darauf. „Es ist kaum mehr etwas in ihm, worauf man aufbauen kann. Aber doch wird nach drei Tagen die Reaktion eintreten." Sie trat tatsächlich nach drei Tagen ein, war von unerklärbaren, heftigen inneren Vorgängen begleitet, die sich die Angehörigen nicht deuten konnten. In diesem Augenblick der Angst unternahmen sie eine Reihe von Verzweiflungsschritten, die ohne Frage die Umstellung unterbrochen haben. In einer Heilstätte, unter Aufsicht von Ärzten, die mit Gröning zusammenarbeiten, wäre der Patient sicher zum Erfolg gelangt. Es ist in

all dem etwas, was an die alte Sage von Orpheus und Euridyke anklingt: Auf dem Wege aus dem Dunkel des Schattenreiches ins Licht des Lebens darf man sich nicht zweifelnd nach rückwärts wenden, sondern muss der Lenkung durch göttliche Kräfte, vorwärtsschauend, bedingungslos vertrauen[17].

Zu diesem notwendigen Vertrauen gehört es auch, dass die Hilfesuchenden Gröning ruhig glauben dürfen, dass die heilende Kraft, wenn sie diese auch nur ein Mal in sich aufgenommen haben, von selbst in dem Patienten fortschreitend weiter wirkt, und dass Gröning, wie er sagt, stets bei dem Kranken helfend gegenwärtig ist, auch wenn die weitesten räumlichen Entfernungen dazwischen liegen. „Wer Vertrauen hat, geht jetzt nach Haus, wer misstraut, der bleibt", musste er vielen Heilungsuchenden erwidern, wenn sie immer wieder wähnten, mehr erhalten zu können, wenn sie ihm überall nachreisen und ihn mit ihren Wünschen fordernd bedrängen. In Wirklichkeit stören sie durch ihre Hast und Unruhe ihre eigene Heilung und erreichen, selbst wenn sie den Heiler täglich sehen, weitaus weniger als irgendein anderer, der bescheiden und gläubig, vielleicht mit der Kugel in der Hand, stille Einkehr in sich hält. Der Weg nach innen ist es, der zum Ziele führt! „Dem Demütigen, Vertrauenden, Gläubigen gibt Gott alles" - diese Mahnung gab Gröning einmal den Heilungsuchenden mit auf den Weg und wandte sich deutlich gegen jene, welche die Hilfe seiner heilenden Kraft fordern

---

[17] In diesem Zusammenhang sei hier noch einmal auf eine der Erfolgsvoraussetzungen hingewiesen, welche ein entsprechendes Vertrauen, sowie den Glauben an den Erfolg voraussetzt. Wie wir hier lesen, entscheidet diese Erfolgsvoraussetzung unabdingbar über den erwünschten Erfolg. Gröning fasste diese Regel, die auch auf seinem Grabstein nachzulesen ist: „Vertraue und Glaube!"

wie Versicherungsnehmer, die eine Leistung verlangen, für welche sie Gebühren bezahlt haben, oder ihm Vorschriften machen wollen, wie er seine Mission zu erfüllen habe (natürlich zuerst bei ihnen!).

Kranke, die sich aus einer Ansammlung brutal zu ihm vordrängen, können gewiss sein, dass sie unter allen am längsten warten müssen - zumal schon ihre eifrigen, unruhig drängenden Gedanken jeder inneren Sammlung zuwiderlaufen. Dafür empfängt vielleicht im gleichen Augenblick ein Schwerkranker, der in stiller Einkehr weit hinten auf einer Bahre liegt, die Heilung. Je geordneter sich die Heilungsuchenden verhalten, desto freier kann Gröning arbeiten. Wenn ihn die Kranken umdrängen „Herr Gröning, Herr Gröning, Sie müssen ... ", kann es sein, dass er abweisend erklärt: „Ich bin keine Maschine" und den Saal verlässt. Denn auch aus dem Verhalten der Heilungsuchenden, wie sie ihre Bitten vorbringen, schließt er auf ihre innere Reife, die heilende Kraft in sich zu entwickeln. Erregt widerstreitende Gedanken stellen sich wie chaotisch gegeneinander arbeitende Störsender jeder Heilung in den Weg.

Wer die Reife und Fähigkeit zur Konzentration, zu dem „Weg nach innen" besitzt, der wird mit seiner Heilung nicht von der physischen Gegenwart Grönings abhängig sein, weil er in jedem angesprochenen Gegenstand, ja vielfach sogar über die Brücke der Gedanken, seine metaphysische Gegenwart deutlich fühlt. Die heilende Kugel (oder ein anderer angesprochener Gegenstand) bewirkt nach Grönings eigenen Worten die Tatsächlichkeit seiner steten Gegenwart auf der einen, die Verbindung zu heilenden himmlischen Strahlungen auf der anderen Seite. Beides ist wohl für die Heilwirkung unerlässlich: Ist das Einströmen der Kraft in die Kugel und die Erhaltung eines bestimmten „Stromspiegels"

noch als eine generelle Erscheinung bei den angesprochenen Dingen zu erklären, so muss wohl die metaphysische Gegenwart des Heilers angenommen werden, wenn dieser Kraft in jedem Menschen eine andere Richtung gegeben wird. - Gröning: „Wenn ich eine Kugel berührt habe - ein kleines Gleichnis unserer Welt - so kehren in ihr alle Strahlungen, von denen unsere Erde umflossen ist, wieder und bringen den Menschen mit der himmlischen Strahlung in eine sich niemals mehr erschöpfende Verbindung. Von dem Moment an, in dem ein Mensch diese Kugel in die Hand nimmt, erfährt er eine vollständige Neuregelung. Alle Erregungszentren im menschlichen Nervensystem werden angesprochen, sodass auch der Blutkreislauf wieder in Bewegung kommt. Sämtliche Erkrankungen von Organen und Gliedern werden so bekämpft, dass sie von den heilenden Strömungen überwältigt werden, selbst wenn es sich um so schwere Krankheiten wie TB, Knochenfraß, ja sogar Wirbel- und Knochenveränderungen und Krebs im Anfangsstadium handelt. Es gibt nichts, wogegen man mit der Kugel nicht angehen könnte. Gewiss", nimmt Gröning einen Einwand auf, den im erhoben hatte, „es gibt Menschen, die gut und gläubig sind und zunächst doch nichts mit der Kugel anfangen können. Ihr Fehler liegt in der Ungeduld. Bei vielen Menschen ist der Gefühlsnerv so erschlafft oder abgestumpft, dass er erst wieder ins Leben gerufen werden muss. Es kann Minuten, Stunden, Tage und Wochen dauern, bis das neue Leben beginnen kann. Die Kraft aus der Kugel beginnt aber dennoch bereits in dem Augenblick zu heilen, in dem sie zum ersten Male berührt wurde; nur dass der Kranke es zunächst noch nicht selbst wahrnehmen konnte."

Zu der ganzen Frage der angesprochenen Gegenstände kann der Leser dieses Buches möglicherweise auch eigene Beobachtungen machen: Bei der Aufnahme der Lichtbilder des handgeschriebenen Geleitwortes, des Kreuzes und des Rosenkranzes, erwies sich nämlich, dass auch die Platten und Kopien dieser Gegenstände eine gleichartige, wenn auch etwas schwächere Kraft ausstrahlten, wie sie selbst. Im Ungewissen, ob der „Strom" nicht vielleicht doch irgendeinen anderen Ausgangspunkt habe, gab ich die Lichtbilder in einem Haus, das Gröning niemals betreten hatte, völlig unvorbereiteten Betrachtern in die Hand. Schon der erste spürte sofort einen ziehenden Schmerz bis zur Schulter. Kaum einer blieb für die Strahlung unempfänglich. Von den Fotografien wurden nun die Druckplatten hergestellt und davon wieder die ersten Probeabzüge ausgeführt. Auch sie wiesen die gleichen Erscheinungen auf. Zur Stunde lässt sich indessen noch nicht feststellen, ob auch die Wiedergabe der Bilder in einem Buch noch der heilenden Kraft Grönings teilhaftig sein wird? Dies festzustellen, muss Sache der Leser selbst sein. Heilungsuchende, die freilich den Inhalt dieses Buches genau kennen sollten, können versuchen, die rechte Hand mit ausgespreizten Fingern dicht über die erwähnten Aufnahmen, allenfalls auch über die Bildnisse Grönings zu halten. Der Versuch wird zweckmäßigerweise mehrfach wiederholt und jeweils etwa eine halbe Stunde ausgeführt. Für die Mitteilung etwaiger Beobachtungen, insbesondere über Heilwirkungen, ist der Verlag dankbar.

Wichtig beim Gebrauch aller angesprochenen Gegenstände ist neben der inneren Vorbereitung auch eine scheinbar kleine, aber doch sehr wesentliche Äußerlichkeit. Man soll mit freiem Rücken sitzen und weder beide Beine noch beide Hände aneinanderlegen. Gegenseitige Berührung der Hände bewirkt nach Grönings Auffassung einen Kurzschluss des Lebensstromes im Oberkörper; Aneinanderlegen oder gar überschlagen der Beine führt zu dem gleichen Schaden im Unterkörper. Wer solche Fehler gewohnheitsmäßig mache, könne sich sogar, auf längere Frist gesehen, recht unangenehme Krankheiten zuziehen. Schon wenn Gröning eine Menschenansammlung von ferne „durchpeilt", fühlt er solche Fehlschaltungen des Lebensstromes als schwere Hemmnisse für die Aufnahme der Heilung.

Auch das habe ich ihn gefragt, ob er einst seine Kraft mit sich ins Grab nehmen werde: „Wenn ich nicht mehr bin, werden die Menschen soweit sein, dass sie sich selbst heilen können[18]."

Damit ist eine oft aufgeworfene Frage gestellt: Was ist an Grönings Heilkraft übertragbar oder erlernbar? Dass er Kraft auf andere übertragen kann, die sie in seinem Auftrag Kranken überbringen, ist nachgewiesen und ich habe es selbst erfahren. Kann aber etwa ein Arzt - abgesehen von der Nachahmung psychologisch wirksamer Dialoge bei der Behandlung von Patienten - von Gröning lernen? Das wird, wenn man die Frage bejaht, wohl in erster Linie davon abhängen, inwieweit ein Arzt seinen Beruf als Berufung auffasst, inwieweit er

---

[18] Dafür ist es natürlich unabdingbar, den Freunden das hierfür notwendige, die Heilungsvoraussetzungen, mit auf den Weg zu geben. Dies ist in außerordentlich vielen

Gemeinschaften nicht der Fall. Es könnte ja Jemand gesund werden und keine Spenden mehr abgeben, weil er nicht mehr zu kommen braucht (ironische Anmerkung)!

durch seine Lebensführung, durch seine Aufopferung für die Kranken dem Charisma des Heilers nahekommt. Gröning selbst erstrebt die Zusammenarbeit mit den Ärzten von ganzem Herzen, und wenn er sich mehrmals offen dazu bekannt hat, so ist das keine diplomatische Höflichkeitsformel, sondern Ausdruck einer echten Überzeugung.

„Ich brauche für die Heilstätten viele, sehr viele Mitarbeiter", sagte er, „und gute Ärzte, welche die Bedeutung der seelischen Vorgänge richtig einschätzen, sind dafür doch wesentlich geeigneter als irgendwelche noch so begeisterte Laien."

Empfängt er den Besuch von Ärzten, so nimmt er sich regelmäßig sehr viel Zeit, um sie so gründlich wie möglich mit seiner Arbeit vertraut zu machen. Es wird nichts vor ihnen verborgen gehalten und sie können ungehindert alles beobachten, was sich bei Grönings Heilbehandlungen vollzieht.

Fast keiner, der Bruno Gröning gegenübersteht, vermag den Wissensdrang zu unterdrücken, was geschieht, wenn er Diagnosen stellt und Heilungen vollzieht. Nach genauer medizinischer Feststellung sind Nerven- und Blutbahnen auch im Röntgenbild unsichtbar. Gröning sieht sie. Wie erkennt er die innere Situation nicht nur in einem, sondern in vielen Menschen, gleichviel, ob sie anwesend sind oder nicht?

„Ich sehe es, sei es, dass ich durch den Menschen hindurchsehe, sei es wie ein Bild hier an der, Wand - jeden Nerv bis zu seiner letzten Verästelung. Erklären? Nein! Erklären darf ich das nicht. Gott lässt es mich erkennen. Zuweilen sage ich es auch mit Worten, was dem Kranken fehlt, mit Worten, die sich in mir von selbst formen."

Ob es Gröning eine Gewissenspflicht verbietet, mehr zu sagen, oder ob die Art des Zustandekommens seiner Eingebungen auch für ihn selbst unerklärt bleibt - es sind wohl Fragen, die nicht beantwortet, besser nicht einmal gestellt werden. Das Gleiche gilt für den Vorgang der Heilung selbst.

Bei einem nächtlichen Gespräch mit einem Geistlichen wurden eine Reihe von nachgewiesenen Fällen von Ferndiagnosen und Fernheilungen erörtert. Gröning erläuterte dabei, dass er es vermöge (und die Tatsachen bestätigen es), nicht nur an einer, sondern an mehreren Stellen der Erde gleichzeitig seelisch anwesend zu sein, Krankheitsbilder aufzunehmen und zu helfen. Die Parapsychologie bezeichnet diese Vorgänge mit Bilokation, wenn es sich um zwei Stellen, mit Multilocation, wenn es sich um zahlreiche Stellen gleichzeitiger Gegenwart handelt. Er kann dabei alle Vorgänge um und in einem Kranken nicht nur rückläufig sich vergegenwärtigen, sondern sie auch „vorauspeilen", d. h. auf sich, ja sogar auf seine Mitarbeiter die Empfindungen übertragen, die ein Kranker beispielsweise am kommenden Tage spüren wird.

"Ich bin hier und überall zugleich", schrieb Gröning unlängst in ein Gästebuch - und kaum jemand, der ihn kennt, zweifelt daran, dass er ungeachtet aller räumlichen Entfernungen überall, wo er es wünscht, gleichzeitig gegenwärtig sein und wirken kann.

Zu später Nachtstunde einmal leitet Gröning die Heilung eines Mädchens ein, das unter sehr schweren Folgen einer Kinderlähmung litt. Ich hatte nur die Patientin im Blickfeld; Gröning konnte ich nicht sehen, ohne den Kopf zu wenden. Die Behandlung forderte von ihm ein außerordentliches Maß von Konzentration. Ich war gebannt von dem Eindruck, wie die heilende Kraft in der Leidenden arbeitete, sie veränderte, sie freimachte. Auf diesen Vorgang schob ich es auch, dass die anderen Anwesenden, die sich lebhaft unterhalten hatten, plötzlich scheu verstummten. Erst später erfuhr ich, was sie in diesem Augenblick gesehen hatten. Grönings Kopf war in diesen Momenten höchster Anspannung von einem hellen Schein umflossen und eine Lichtbahn ging von seinem Gesicht aus zur Decke. Hatte der heilende „Strom" sichtbare Gestalt angenommen?

Wer ist der Mensch Bruno Gröning, in dessen Gegenwart sich so Unerklärliches ereignet? Die zahlreichen Lebensbeschreibungen, die jede Einzelheit seines Lebensganges aufzuzeichnen versuchen, können es uns nicht sagen. Was sind diese äußeren Stationen eines wechselvollen Daseins gegen das Wachsen einer inneren Wirklichkeit, die ihn zum Helfer der Leidenden gemacht hat - ihn, der selbst von sich sagt, dass er keine menschliche Lehre angenommen habe, noch belesen sei? „Wann haben Sie begonnen, die Kraft des Heilens in sich zu fühlen?" Diese Frage bleibt ihm fast nirgends erspart. Und seine Antwort ist, dass dies eigentlich schon bei seiner Geburt der Fall gewesen sei. Seine Mutter habe ihm erzählt, dass sie zu jener Morgenstunde des 30. Mai 1906 eine völlig schmerzlose Geburt gehabt habe. Der Zweijährige beginnt bereits zu spüren, dass kranke Tiere seine Nähe suchen, dass beispielsweise ein müder, alter Hund durch sein Streicheln merkwürdig belebt wird. Bald beobachten auch Kranke, dass sich ihr Befinden bessert, wenn dieses Kind in ihr Zimmer kommt. Die Leidenden sind empfänglich für die seltsame, verschlossene Art des ernsten Knaben, der im

Vaterhaus und bei seinen Altersgenossen als ein eigenwilliger, fast unheimlicher Einzelgänger gilt, den man lieber meidet. Im Alter von 9 Jahren erkrankt er selbst auf Leben und Tod an der Ruhr. Er weist nicht nur ärztliche Hilfe von sich, sondern setzt es hartnäckig durch, nicht im Bett zu liegen, sondern auf dem platten Fußboden. Niemand glaubt, dass das ausgezehrte, fiebernde Kind mit dem Leben davonkommen wird. Aber wie durch ein Wunder wird der Knabe gesund. Oft verschwindet er aus dem Zusammenleben mit Menschen, geht hinaus in die Wälder und heilt dort die Tiere, die sich ihm zutraulich nähern.

Fünf Jahre besucht er die Volksschule. Dann lernt er in den mannigfaltigsten Berufen das bunte, vielgestaltige Leben kennen. Überall möchte man den anständigen, tüchtigen, stillen und bescheidenen Arbeiter festhalten. Aber er bleibt nirgends lange. Es treibt ihn, Anderes, Neues kennenzulernen - es ist, als ob er sich immer eine andere Klasse in der Schule des Lebens suche. In einer frühen Ehe findet der Einsame keine seelische Heimat. Die Frau steht verständnis- und fassungslos vor dem Ruf der Bestimmung, die Bruno Gröning zu einem Wirken drängt, zu dem sie keinen seelischen Zugang hat. So entzieht sie selbst die beiden eigenen Kinder seiner Heilkraft. Nach dem Kriege macht sie nochmals den Versuch, Gröning in ein nüchtern-bürgerliches Leben zu bannen. Sie will für ihn arbeiten, wenn er nur von dem Heilen, wenn er nur von der Bestimmung, die sie nicht verstehen kann, ablasse. Da müssen sich Wege trennen, die unvereinbar bleiben.

Im Kriege steht Bruno Gröning an der Ostfront. „Ein guter Kamerad", sagen alle, die mit ihm die Schrecken Russlands erlebt haben. In Petrosawodsk ist er in Gefangenschaft. Einer seiner Kameraden erzählte mir, dass er dort ein selbstloser Helfer seiner Leidensgenossen gewesen sei und dass er es auf rätselhafte Weise zuwege gebracht habe, viele Mitgefangene, die an Wassersucht litten, zu heilen. Noch lebendiger freilich war dem Heimkehrer die Erinnerung an den Rücktransport in engen, überfüllten Viehwaggons. Damals seien alle Bande der Menschlichkeit zerbrochen, Kameradschaft dem brutalen Kampf ums nackte Leben gewichen. Nur einer sei inmitten dieses Zusammenbruches und Jammers immer ruhig, gelassen und menschlich geblieben - Bruno Gröning. Deshalb habe er ihm angetragen, ihn in seine bayerische Heimat zu begleiten. Gröning aber habe zuerst im Nordwesten nach seiner Familie suchen wollen, habe ihm aber damals (1945) gesagt, wenn er in einigen Jahren viel von ihm in der Zeitung lese, solle er ihn aufsuchen.

Grönings Heimat, Danzig, ist inzwischen in der Flut aus dem Osten untergegangen. Ein unbekannter Flüchtling, einer von jenen zwölf Millionen, die damals, aus der Heimat vertrieben, über die Straßen des Elends zogen, kommt nach Westdeutschland. Bald weiß man da und dort, dass er heilen kann. Er nimmt nichts an für seine Hilfe - höchstens, dass er für wenige Tage ein bescheidener Gast des Hauses bleibt, um dann vom nächsten gerufen zu werden, zum nächsten Kranken, der seine Hilfe braucht. Er wollte sich, weiß Gott, nicht als „Wunderdoktor" herausstellen. Wie er diese oberflächliche Bezeichnung der Sensationsblätter hasst! „Im darf mich nicht herausstellen," das betonte er immer wieder „ich muss aber meiner Bestimmung folgen, wohin sie mich führt."

So kommt er nach Herford zu dem jungen Dieter Hülsmann. Jedermann in der Umgebung kannte das Kind, das an schwerer progressiver Muskeldystrophie darniederlag, das aufgegeben war, und nichts vor sich sehen konnte, als ein armes Leben in qualvollem Siechtum. Als dieser Knabe frei, ohne Stütze, wenn auch noch mühsam, vor aller Augen lief, flog die Kunde von Mund zu Mund, ein „Wunder" sei geschehen.

Es dauerte nur noch Tage, dann beginnt der Marsch der Versehrten, der Aufgegebenen und der Verzweifelten nach Herford. Viele, die vor ihm stehen, gehen gesund nach Hause. Wie eine Flamme schlägt die Kunde von seinen Massenheilungen in die starre Kälte einer materialistischen Welt, und nicht nur die Kranken, sondern auch genug der Gesunden lassen sich von diesen Zeichen wieder näher zum Glauben an Gott führen.

Nur die Behörden des Landes Nordrhein-Westfalen wollen nicht erkennen, was hier sichtbar geschieht. Sie verbieten Gröning, zu heilen. Sie schlagen gegen das Unbekannte, dem sie sich nicht erschließen wollen, mit starren Paragrafen. Gröning geht.

Im August 1949 kommt er nach Bayern, wie er selbst sagt, weil er wusste, „dass hier ein gläubiges Volk lebt, dass ich hier Fuß fassen konnte, um ohne Störung Menschen zu heilen."

DAS TE DEUM VON ROSENHEIM

Grönings Zusammenkunft mit den unge-
zählten Tausenden von Hilfesuchenden
vor dem Traberhof bei Rosenheim war ein
Ereignis von dramatischer Wucht: Die
Wende der Zeiten, an der wir heute stehen, offenbarte sich mit einer sinnbildli-
chen Klarheit.

Die Leidenden, Verlassenen, vom Schicksal
Geschlagenen, die mit der letzten Hoffnung auf Trost und Heilung zusammenge-
strömt waren, sie alle waren Ankläger gegen das Zeitalter des Materialismus, für
dessen tödliches Versagen sie in ihrer bit-
teren Not ein unbestreitbares Zeugnis ab-
legten. Durch den Krieg mit tausend Wunden und Leiden geschlagen, verstoßen aus
der Heimat, allein gelassen in Verzweiflung
und Elend, kamen sie zu Gröning. Vielleicht waren sich gar nicht so viele unter
ihnen bewusst, dass sie damit aus einer im
wahrsten Sinne des Wortes heillosen Zeit
heraustraten und die Schwelle einer
neuen überschritten, die des festen Glaubens ist, dass alles Lebendige eine harmo-
nische, organische Einheit bildet und untrennbar an Gott gebunden ist. Aber in allen diesen Menschen lebte fraglos die Ahnung, dass sie aus der kalten herzlosen
Gottesferne des Materialismus flüchteten
und mit dem Anruf des Heilers ihr Schicksal zugleich der erbarmenden Güte Gottes
anheimstellten.

Die apokalyptischen Bilder der großen mit-
telalterlichen Meister schienen Wirklichkeit zu werden, wenn man das Grauen in
sich aufnahm, das diese Menschen hier-
hergeführt hatte. Was alles sich an unheilbaren Krankheiten und Wunden, an seelischer Zerstörung und dumpfer Lebens-
angst scheu in den Häusern vor der teil-
nahmslosen Neugier verborgen hatte -
hier wurde es unerbittlich, unausweichlich

sichtbar. Frauen und Kinder mit bleichen,
ausgezehrten Gesichtern, in denen gequälte Augen brannten, die selbst das
Weinen verlernt hatten; Amputierte und
Gelähmte, keiner eigenen Bewegung mehr
fähig; Menschen, die von grausigen Ner-
venkrämpfen geschüttelt wurden, denen
der Schaum vor verzerrten Gesichtern
stand, andere, die unter haltlosem Weinen
zuckten - so kamen sie zusammen, so wurden sie herbeigetragen: Tausende und
aber Tausende ohne Ende.

Was an Lebens- und Schaffenskraft, was
an Glück und an Zuversicht in ihnen je gewesen war, das lag zertreten hinter dem
Stacheldraht der Gefangenenlager, das
war begraben unter den Ruinen zerstörter
Häuser, das war zurückgeblieben in der
verlorenen Heimat.

Ich habe in diesen Tagen und Wochen niemanden gefunden, der nicht zutiefst be-
troffen und erschüttert gewesen wäre von
diesem Übermaß an Leid und Elend, das
sich keiner jemals so furchtbar hätte vorstellen können. Wer dann noch Einblick
nehmen konnte in jene unermessliche Zahl
von Bittbriefen, in denen alle jene ihr Leid
klagten, die aus gesundheitlichen oder
aber aus wirtschaftlichen Gründen gar
nicht die Möglichkeit hatten, die Fahrt zu
Gröning anzutreten, dem war es klar, dass
die Menschen, die da Kopf an Kopf viele
Tage lang ihrer letzten Hoffnung entgegen-
harrten, nur die Repräsentanten, einer
endlosen Masse von Kranken, Versehrten
und Verzweifelten waren; die überall ist,
wo Krieg und Staatsraison, Hass und Miss-
trauen die Schicksale der Völker bewegt.
Gewiss, es waren unter diesen Menschen
auch viele, deren Krankheiten auch im
tiefsten Frieden entstanden wären. Die
Mehrzahl all der Hilfesuchenden aber waren die Opfer der wissenschaftlich hoch-
entwickelten Menschenvernichtung und

der kaum mehr tragbaren seelischen Belastung unserer Zeit. Die meisten von ihnen waren als Heimkehrer und Versehrte, als Ausgebombte und Flüchtlinge müde von Amtsstube zu Amtsstube gegangen, ehe sie eine kümmerliche Hilfe erfuhren, ehe sie in überfüllten Baracken oder Wohnungen ein Dach über dem Kopf erhielten. Sie waren Nummern gewesen vor unzähligen Ämtern, sie hatten oft genug mürrische und abgestumpfte Gesichter dort gefunden, und nicht die Wärme menschlicher Hilfsbereitschaft. Und sie hatten es nur allzu oft erlebt, dass dem Reichen, der selbst geben konnte, williger gegeben wurde, als dem Verarmten, der nichts mit sich trug, als die Last seiner Not.

Diese Menschen, die da auf Gröning warteten, gehörten nicht mehr zu den Leichtgläubigen und Begeisterungsfähigen. Sie waren zum weitaus größten Teil abgestumpft, skeptisch, apathisch, aber sehr hellhörig für, alles Unrecht, für jede Phrase, allein noch zu überzeugen durch die hilfreiche Tat.

Es waren die Tage und Nächte vor der großen Heilung am 9. September - Gröning selbst war zu dieser Zeit unterwegs in Norddeutschland -, als unter den Wartenden die ersten Fernheilungen geschahen. Unter dem überwältigenden Eindruck solcher Ereignisse vollzog sich im Kreise der Kranken langsam eine Veränderung: Vor ihren Augen war eine Kraft wirksam gewesen, für die es keine menschliche Erklärung mehr gab, und diese Kraft hatte Hilfe gebracht, wo kein Mensch mehr hatte helfen können. Die das sahen, waren keine Gelehrten, die ein „Wunder" zu sezieren und zu erklären und mit ihren Büchern in Einklang zu bringen suchten. Sie waren nichts als hilfsbedürftige Menschen, die nirgends mehr menschliche Hilfe gefunden hatten, Menschen, die durch alle Phasen

des Leids und der Prüfung hindurchgegangen waren. Und deshalb waren sie jetzt in diesem Augenblick reif, in der Heilung, die sie empfingen, die Hand Gottes zu erkennen, die göttliche Kraft zu erleben, die ihnen ein Zeichen gab, das sie heraushob aus dem ganzen starren Mechanismus der materialistischen Zeit. Sie, die Ärmsten der Armen, waren in dieser Stunde reich, denn sie erfuhren in ihren Herzen eine Wandlung, die manchem gesunden Reichen versagt bleibt, sein Leben lang.

Wieder lag das tiefe Dunkel der Nacht über den tausenden Wartenden. Und da geschah es, dass Einzelne begannen, die vielleicht lange nicht mehr gesprochenen Worte zu formen, dass immer mehr in das Gebet miteinstimmten, bis es alle mitsprachen:

Vater unser, der Du bist im Himmel ...

Und dann erklang feierlich und ernst das Te Deum.

In dieser ergreifenden Stunde war vielleicht ein noch größeres Wunder geschehen, als die Gesundung von gelähmten Gliedern und zerrütteten Nerven: Menschen hatten zurück zu Gott gefunden.

Als Bruno Gröning am darauffolgenden Nachmittag vor den Hilfesuchenden stand, fand er sie wie kaum je zuvor innerlich geläutert, bereit, die Heilung zu empfangen. Fast eine Stunde stand er schweigend, ihr Leid in sich aufnehmend und verarbeitend, vor der betenden Menge. Während er dann die erlösenden Worte von Gott, dem Vater und Arzt aller Menschen sprach, wurden geradezu biblische Szenen Wirklichkeit.

Kranke richteten sich von den Tragbahren auf, Gelähmte warfen ihre Krücken von sich und konnten gehen, ein blindes Kind wurde sehend, Dankesrufe kündeten von immer neuen Heilungen, von denen ja nur ein Teil äußerlich sichtbar sein kann. Noch zwei Monate später und wohl noch lange Zeit werden immer wieder Heilungen bekannt, die sich an diesem Tage vollzogen haben oder begannen.

Von der Terrasse des Traberhofes aus wurde einer unserer besten Ärzte Augenzeuge dieses Geschehens. Er bekannte in tiefster Erschütterung, er nehme als Frucht dieser Stunde den Glauben mit ins Leben, dass der Mensch - ein Nichts sei ohne die Gnade Gottes, und dass kein Wissen und kein Können dem Menschen zum Heile geraten könne, wenn er sich nicht demütig der Gnade wert zeige.

Wieder ist es dunkel geworden. Bruno Gröning, der tagelang ohne Schlaf unterwegs gewesen war, hat sich, ehe er sich erneut einzelnen schweren Fällen zuwendet, für eine kurze Zeitspanne abseits gesetzt. Mit einer Gebärde, die Güte und Erbarmen ausdrückt, horchte er auf die Stimmen derer, die seine Hilfe suchen.

In dem ganzen Raum fällt kein Wort. Noch niemand vermag die Empfindungen, die uns alle bewegen, auszusprechen. Von draußen aber hören wir es, wie eine Antwort auf die hoffenden, fragenden Gedanken:

Zu uns komme Dein Reich.

DIE GROSSE UMKEHR

Die Anklage gegen eine im wahrsten Sinne des Wortes heillose Zeit ist allein durch die Erscheinung der Hilfesuchenden vor dem Traberhof in Rosenheim mit einer elementaren Wucht erhoben worden. Sie steht in den weit mehr als eine Viertelmillion Briefen an Bruno Gröning offen und, oftmals noch erschütternder, zwischen den Zeilen. Der Versuch, die Gründe für diese Hilferufe irgendwie übersichtlich zu ordnen, führt zu der auffallenden Feststellung, dass nur ein sehr geringer Teil der Bittsteller Heilung von jenen landläufigen Krankheiten sucht, die schon unsere Väter und Urgroßväter plagten. Zum weitaus überwiegenden Teil sind es neue Arten von Leiden, die in der Gegenwart über uns gekommen sind: sie stehen in einem unmittelbaren ursächlichen Zusammenhang mit schädlichen Umwelteinflüssen, mit einer naturfremden, ja naturwidrigen Lebensweise und mit der seelischen Überbelastung durch die großen Katastrophen unserer Zeit. Die medizinische Wissenschaft, die den großen Seuchen und sehr vielseitigen anderen Krankheiten ein Ende bereitet hat, muss diese neuartigen Gesundheitsschäden, vor allem die seelischen oder seelisch bedingten und beeinflussten, noch weithin für unheilbar erklären. Im Ganzen ein seltsamer Weg: auf der einen Seite befähigt der forschende Geist den Menschen zu genialen Erfindungen, zur technischen Multiplikation seiner Kräfte, zu großartigen Leistungen im Kampf gegen die klar erkennbaren, individuellen Erkrankungen; auf der anderen führt gerade die technisch-materialistische Entwicklung über die Spezialisierung zu einer Zerteilung der Einheit alles Lebens und die großen Erfindungen dienen zuvorderst dazu, dem Willen zur Zerstörung eine Wirkungsbreite zu geben, wie er sie noch nie zuvor besaß.

Wenn eine internationale Bewegung sich den Namen „moralische Aufrüstung" zugelegt hat, so liegt in dieser Bezeichnung immerhin die Erkenntnis, dass die Entwicklung der moralischen Kräfte der Menschheit mit jener der technischen Zivilisation nicht Schritt gehalten hat, und dass folglich diese moralischen Kräfte „aufholen" müssen, wenn nicht statt ihrer die entseelte Automatik einer mechanistischen Welt den Gang der Geschichte bestimmen soll. Mit anderen Worten: Wir müssen aus dem mechanistischen Zeitalter hinüberschreiten in ein Zeitalter des Lebendigen, in dem die Kräfte der Technik im weitesten Sinne nicht mehr die Dämonen, sondern die Diener des Menschen sind und für die Beziehungen der Einzelnen wie der Völker untereinander wieder jene Gesetze gültig sind, die sich aus den großen Kulturreligionen ergeben.

Mit einem weisen, ostasiatischen Freund, der die Hälfte seines Lebens in Europa zugebracht hat, dem das Geistesleben des Westens wie des Ostens gleichermaßen vertraut ist, sprach ich unlängst über die Heilungen Bruno Grönings. Er erkannte das völlig Außergewöhnliche dieser Erscheinung rückhaltlos an, erklärte mir aber, dass er bis zu einem gewissen Grade aus der Lebensauffassung seiner Heimat heraus imstande sei, sich durch die himmlische Strömung, die wohl auch Gröning vermittle, selbst zu heilen. Der Kosmos, so sagte er mir, sei nach dieser Auffassung erfüllt von dem Strom, der alles Leben bewege, und jeder könne sich von ihm ganz tragen lassen, der imstande sei, sich ihm

gläubig und vertrauend hinzugeben. Die Voraussetzung dafür sei die Fähigkeit, sich selbst, d. h., seine egoistischen Interessen völlig vergessen zu können. Dann schwänden alle Schmerzen durch die heilende Kraft jener Strömung, die das Leben sei. In Asien, so meinte er, sei dieser Glaube noch verbreitet und deshalb auch die Fähigkeit der Selbstheilung. Die westliche Welt mit ihrem übersteigerten Individualismus, mit ihrem hemmungslosen wirtschaftlichen Egoismus, mit ihrer Überbewertung materieller Güter, mit der Veräußerlichung der Kultur, sei diese Fähigkeit fast ganz verloren gegangen, und deshalb solle sie dankbar sein, dass ihr ein Mittler erschienen sei, der ihr Leben wieder mit der göttlichen Strömung verbindet.

Ist diese Meinung des asiatischen Gelehrten nicht eine sinnvolle Ergänzung der Worte Grönings? Schlägt sie nicht eine gedankliche Brücke zu der Voraussage Grönings, dass die Menschen noch zu seinen Lebzeiten lernen würden, sich mit der Kraft, die er vermittle, selbst zu heilen? Zwischen jener Gegenwart aber, die mein koreanischer Freund so klar gekennzeichnet hat, und jener Zukunft[19] der „Selbstheilung" der Menschen auch in der westlichen Welt muss eines liegen:

DIE GROSSE UMKEHR!

Worin diese Umkehr bestehen muss, wohin sie uns leiten soll, das erkennen wir am klarsten, wenn wir untersuchen, wohin uns tatsächlich der falsche Weg geführt hat, dem wir seit geraumer Zeit, insbeson-

---

[19] In dieser Zukunft befinden wir uns heute. Wir, die Bruno Gröning Freunde, werden seit 1954 nicht mehr heil, weil unser Freund es ist, der uns heilt, sondern weil wir uns, aus uns selbst heraus, ändern. Jesus Christus nannte dies „die natürlichste Form der Heilung" und Bruno Gröning schöpfte hierfür den Begriff „Die Große Umkehr".

dere aber seit rund hundert Jahren, gefolgt sind. Die „Zivilisationsschäden" an Mensch, Haustier, Kulturpflanze, Boden und Landschaft; der Raubbau am Boden und dessen Erkrankung; die Verleugnung der lebendigen Zusammenhänge einer Kulturlandschaft, die einseitige Erschöpfung ihrer Fruchtbarkeit durch die Monokultur bestimmter Kulturpflanzen, ihre Versteppung durch falsche Wasserwirtschaft, ihre Verunstaltung und Verletzung durch Kraftwerke und andere Industriebetriebe, ohne Rücksicht auf die natürliche, organische Einheit; die Erkrankungen infolge der Ernährung mit mechanisch veränderten Lebensmitteln, die seelischen Schädigungen des modernen städtischen Lebens mit seinen in Arbeit und Zerstreuung (= Gegenteil von Konzentration, von Selbstbesinnung) gleich nervenzersetzenden Erscheinungen; die Störungen und Zerstörungen im Zusammenleben der Menschen, beginnend mit der Krise von Ehe und Familie über die sozialen und nationalen Hasskomplexe und sich verschärfend bis zu Krieg, Verfolgungssucht und Verfolgungswahn und bis zur systematischen Austreibung aus der Heimat und zur wissenschaftlich höchstentwickelten Ausrottung ganzer Völker - sind alle diese in den Abgrund führenden Erscheinungen nicht die Kettenreaktionen des Materialismus, der dem unbeherrschten menschlichen Gewinnstreben die führende Rolle in dem „freien Spiel der Kräfte" zuweist?

Die „Kernspaltung", die am Beginn dieser Kettenreaktionen steht, ist fraglos der Abfall der Menschen von der göttlichen Ordnung. Mit der Vereinung eines absoluten, weil aus göttlichen Geboten entspringenden Rechts, ist die Ordnung aller menschlichen Beziehungen auf die unsicher gleitende Skala der Willkür von Diktatoren und Mehrheitsbeschlüssen abgeglitten.

Nicht zu Unrecht fragte ein Weiser; „Wie viele Menschen müssen zusammenkommen, damit eine Gemeinheit anständig und eine Lüge erlaubt wird?" Gelingt im innerstaatlichen Leben zuweilen noch eine Stabilisierung der Gesetze auf einer für die Bürger erträglichen Stufe, so ist das Recht zwischen den Staaten weithin der Raubtiermoral kaum entrückt. „Die Ehrfurcht ist aus der Welt gegangen" - mit diesem Satz brandmarkt Alwin Seifert das Wesen des materialistischen Zeitalters.

Daran krankt die Welt in der Tat, dass ihr jene dreifache Ehrfurcht fehlt, in der Goethe das wahre Menschentum verwirklicht sah: Die Ehrfurcht vor dem, was über uns ist - vor Gott; die Ehrfurcht vor dem, was mit uns ist - vor unserem Nächsten; die Ehrfurcht vor dem, was unter uns ist - vor der Natur. Fehlt diese behutsame Achtung vor dem Leben, fehlt die ruhige Verehrung der Schöpfung, von der der Mensch von sich aus nicht ein einziges lebendiges Wesen nachzubilden vermöchte, dann zerreißt eben jene Bindung, durch die er allein der harmonischen Einordnung in die belebte Natur und der Kontrolle seines Wissens und Handelns durch das Gewissen fähig ist und er erhebt sich als räuberischer Nutznießer über die Natur, ohne zu ahnen, dass er sich und den kommenden Generationen zerstört, was er ihr durch Raubbau abbringt. Da konnte man lesen, es sei ein neues Zeitalter angebrochen, als die Wissenschaft der Natur das Geheimnis der Atomkraft entrissen hatte. Nein! Das prometheische Zeitalter des wirtschaftenden, organisierenden, forschenden Menschen, das aus der Ebene des Menschlichen in die Verborgenheiten des Kosmos einzudringen sucht, hat in städtegroßen Fabriken mit der Fron von Zehntausenden endlich die Möglichkeit gefunden - alles Leben zu zerstören. Ist es das Leben, dem diese Erfindung galt? Steht nicht das Sterben von ganzen Städten an ihrem Beginn? Nein - ein neues, ein anderes Zeitalter ist es nicht, dass sich hier ankündigt, sondern es sind allein die letzten harten Konsequenzen des materialistischen!

Doch dass ein Mann aus unbekannter Unendlichkeit die heilende Strömung schöpft, dass er durch seine Berührung diese Kraft des Lebens jedem Gegenstand weltüber mitzuteilen vermag, und dass er mit dieser Macht, die in seiner Hand ruht, nichts will, als dass die Menschen sich von dem selbstmörderischen Wahn des Materialismus abwenden und die Wirklichkeit einer über ihnen waltenden Kraft erkennen sollen - das kann eines der Zeichen sein, in denen eine wahre Zeitenwende sich ankündigt. Denn alle Atomstädte und ihre Arbeiterheere und ihre Gelehrten vermögen jene Kraft des Guten, Heilenden nicht zu erschaffen, die dem Gläubigen aus einer einzigen Kugel zuströmt, die Grönings Hand berührt hat.

Es ist dies, weiß Gott, nicht das einzige Zeichen, das zur großen Umkehr ruft - aber vielleicht das sinnfälligste, vielleicht der markanteste Gegenpol des dämonischen Sogs in den Abgrund, der in den Stapeln von Atombomben wirksam ist. „In jedem Tun", so formuliert Alwin Seifert die Aufgabe eines Zeitalters des Lebendigen, „müssen wir allezeit die Grenze sehen, bis zu der wir gehen dürfen, jene Grenze, die Heil und Unheil scheidet, wärmendes Licht von verzehrendem Feuer. Dem in den Überlieferungen Gebundenen waren Ahnung und Ehrfurcht sichere Führer. Unser wurzelloser Intellekt kann nicht Maß halten, wenn er sich nicht paart mit Verantwortungsbewusstsein und wenn nicht wieder Ehrfurcht die einzig mögliche Geisteshaltung wird allem gegenüber, was wir nicht können: Ehrfurcht vor dem Leben in jeder Erscheinungsform und vor seiner gütigen Nährmutter, der Natur. Es ist nicht nur ein Wortspiel, dass allem Luziferischen gegenüber mehr gefeit ist derjenige, der Religio hat, Rückbindung an das, was hinter den Dingen steht. Das Herz ist ein viel sicherer Führer als aller Verstand, der nur Mittel und Mittler sein darf, weil er unschöpferisch ist. Das Schöpferische ist eine Gnade, die ihre Wurzel nicht im Diesseitigen hat." Zu solcher Gesinnung führt nicht allein der Glaube. Den wahrhaft großen Geistern der forschenden Wissenschaft offenbarten sich gerade in deren letzten Erkenntnissen die Grenzen, die dem homo faber, dem Menschen unseres technischen Zeitalters gesetzt sind. Max Planck kam in einer Untersuchung über Sinn und Grenzen der exakten Wissenschaft zu dem Ergebnis „... angesichts solcher Möglichkeiten wird vielleimt mancher von denen, die sich das Wundern mit der Zeit gänzlich abgewöhnt haben, Veranlassung nehmen, es von neuem zu lernen. Und in der Tat: der unermesslich reichen, stets sich erneuernden Natur gegenüber wird der Mensch, soweit er auch in der wissenschaftlichen Erkenntnis fortgeschritten sein mag, immer das sich wundernde Kind bleiben und muss sich stets auf neue Überraschungen gefasst machen. So sehen wir uns durch das ganze Leben hindurch einer höheren Macht unterworfen, deren Wesen wir vom Standpunkt der exakten Wissenschaft aus niemals ergründen können, die sich aber auch von niemanden, der einigermaßen nachdenkt, ignorieren lässt. Hier gibt es für einen besinnlichen Menschen nur zwei Arten der Einstellung, zwischen denen er wählen kann: entweder Angst und feindseliger Widerstand, oder Ehrfurcht und vertrauensvolle Hingabe."

NACHWORT

Mein Bericht gründet sich auf die Aufzeichnungen, die ich vom 28. August 1949 bis zum 1. Januar 1950 über meine Begegnungen mit Bruno Gröning und über meine Erfahrungen mit seiner Kraft gemacht habe. Er kann sich für die Zeit davor nicht auf eigene Beobachtungen stützen, kann selbst für die oben genannte Zeit nicht Anspruch auf Vollständigkeit erheben und erst recht keinerlei Prognose geben, welche Richtung der weitere Weg Grönings nehmen wird. Berechnungsversuche mit unseren landläufigen Maßstäben - auch diese Erfahrung habe ich gemacht - werden einer so außergewöhnlichen Erscheinung gegenüber stets versagen. Das ergibt sich schon aus den von den unseren völlig abweichenden Raum- und Zeitbegriffen Grönings und aus seinem intuitiven Handeln, für das der nüchterne, allein nach den Gesetzen der Logik, arbeitende Intellekt nicht immer eine Erklärung findet. Dazu tritt jene seltsame Abneigung, seine ungewöhnlichen Möglichkeiten der Durchsetzung eigener Pläne dienstbar zu machen, eine Zurückhaltung, die sich manches Mal geradezu in einem „Geschehenlassen" von Entwicklungen äußert, deren Sinn sich vielleicht in der Zukunft enthüllen mag, in der Gegenwart aber zuweilen selbst seinen besten Freunden nicht offenbar ist. Man würde des Weiteren die unermesslich schwere Aufgabe Grönings verkleinern, wollte man seinen Weg als endgültig vorgezeichnet und die Unfehlbarkeit in ihm verwirklicht sehen. Gleichviel welchen Ursprungs man die Kraft hält, aus der sein Wirken unter den Menschen entspringt, so ist dennoch auch sein Leben in die menschliche Form eingespannt und auch er muss das Gesetz seines Handelns in seinem Gewissen, aus seinem freiem Willen finden, wie wir. Auch er lebt in der Spannung zwischen Versuchung und Berufung, die für niemand vielleicht so unerhört groß ist wie für ihn. Das Bruno Gröning den Weg seiner Berufung finden wird, ist die feste Überzeugung des Verfassers. Was mir dabei als wesentlich erscheint, ist dieses: dass es Gröning bei der Erfüllung der kaum messbaren Anforderungen seiner Mission eine Hilfe ist, wenn er die Zahl derer im Wachsen weiß, die eines guten Willens sind, die mehr auf die innere Stimme horchen als auf die Opportunität ihrer materiellen Interessen - kurz, die Zahl derer, die Gott aus ehrlichem Herzen suchen.

Sollte mein Bericht dem einen oder anderen Leser, der vielleicht von langen Notjahren ganz in die- Fron der täglichen Sorgen gezwungen ist, die Anregung gegeben haben, hoffend wieder unverlierbare Lebenswerte jenseits unseres materiellen Daseins zu suchen, dann hat er seinen Zweck erfüllt.

DOKUMENTE

Als Beispiel einer Rede an die Heilungsuchenden veröffentlichen wir die Ansprache, die Gröning am 31. August 1949 vom Balkon des Traberhofes hielt. Zum Verständnis der Situation: Grönings Tätigkeit war in Westdeutschland behindert, in Rheinland-Westfalen sogar ausdrücklich verboten worden. Zu der Zeit, da er die folgende Rede hielt, wurde gerade die Klärung erwartet. welche Haltung der Bayerische Staat ihm gegenüber einnehmen würde.

»Meine lieben Mitmenschen! Meine Schwestern, meine Brüder!

Sie alle suchen schon jahrelang nach Hilfe. Sie alle suchen schon jahrelang nach Ihrer Gesundheit, die Sie bereits vor Jahren verloren. Ich weiß, wie hier und überall sich Menschen gefunden haben, gleich wo ich gehe, gleich wo ich stehe, und überall dasselbe Bild. Jeder sucht Hilfe, jeder sucht Heilung. Ich will nicht damit gesagt haben. dass die Ärzte, die vielleicht alles darangesetzt haben, Ihnen zu helfen, schlecht wären, weil sie zu der Hilfe nicht in der Lage waren. Nein. Der Arzt hat auch sein Bestes hergegeben, Ihnen zu helfen. Es ist aber den Ärzten nicht gegeben, allen die Hilfe zu bringen, die sie erwarten.

Eines aber muss gesagt werden, dass der einzige Arzt, der Arzt aller Menschen allein nur unser Herrgott ist. Der Mensch ging vor Jahrhunderten den Weg ab von der Natur, von dem Glauben an unseren Herrgott. Jeder glaubte sich allein behaupten zu können. „Jetzt sind wir auf dieser Erde, jetzt richten wir uns ein, wie wir das wollen, und wir werden uns schon zu helfen wissen", glaubte jeder. Aber ich gebe Ihnen zu wissen, dass niemandem geholfen werden kann ohne unseren Herrgott.

Er allein ist und bleibt unser Vater, er allein ist und bleibt der größte Arzt aller Menschen!

Und wer glaubt, sich der Natur, die der Herrgott hier so schön für uns Menschen geschaffen hat, zu entziehen, der soll gehen, wohin er will. Man hat geglaubt, einer könnte sich vom andern unterscheiden, indem er der Natur den Rücken kehrt und die Stufen der Kultur besteigt. Da liegt der Fehler. Da liegt alles. Das ist es, was dem Menschen fehlt: Die Natur. Zurück zur Natur! Zurück zu unserem Herrgott, zurück zum Glauben an den Herrgott und zum Glauben an das Gute im Menschen. Ich selbst frage nicht, welcher Religion, welcher Nation der Einzelne angehört. Hauptsache ist, er trägt den Herrgott im Herzen, Wer aber den Glauben verloren hat und die Hilfe Gottes haben will, der muss wieder den Weg zum Glauben an unseren Herrgott zurückfinden. Wer den Weg gefunden hat und glaubt und wer sich verpflichtet fühlt, diesem Glauben genau nachzukommen, dem sei die Hilfe zuteil.

Ich habe jedem Menschen immer wieder zu wissen gegeben: Wer den Weg zu mir gefunden, der soll die Angst und vor allen Dingen das Geld zu Hause lassen. Was er mitzubringen hat, ist allein seine Krankheit und außerdem die Zeit, die Sie ja alle immer wieder am laufenden Band zu opfern gewusst haben. Jeder, der gewartet hat, weiß, dass er immer noch gesund geworden ist.

Auch muss ich Ihnen noch zu wissen geben, dass ich bis heute noch nicht im Besitz eines Schriftstücks bin, das mir die Genehmigung gibt, die Heilungen zu vollziehen. Von einer Heilung kann ich heute noch nicht sprechen, solange ich das nicht schwarz auf weiß habe. Aber ich darf mich mit Ihnen unterhalten. Ich freue mich, dass Sie den Weg hierhergefunden haben. Dass Sie Hilfe brauchen, beweist das, dass Sie hier so geduldig warteten und dass Sie noch länger gewartet hätten, wenn ich nicht gekommen wäre.

Bisher war es immer so, wo ich vor Menschen gestanden habe, dass selbst trotz Verbot die Heilung doch vollzogen worden ist, ohne dass im davon gesprochen habe. Jeder von Ihnen wird schon vieles verspürt haben.

Ich bitte Sie, davon Abstand zu nehmen, mir Ihre Leiden einzeln aufzuzählen. Sie brauchen mir von Ihren Leiden nichts zu erzählen. Ich bin imstande, Menschen das zu sagen, was sie haben, das heißt, was sie an Krankheiten haben. Ich bin imstande, Ihnen noch viel mehr zu sagen, vielleicht auch das, woran Sie bisher noch gar nicht denken konnten. Deshalb bitte im Sie, mich nicht zu belästigen, denn wenn jeder einzelne seine Leiden aufzählen würde, was würde das für Zeit brauchen und was würde das für ein Durcheinander geben. Ich hoffe, dass Sie mich verstanden haben und bitte Sie, nicht einzeln hier anzukommen.

Der eine oder andere von Ihnen glaubt, dass er hier an Ort und Stelle die Heilung gleich empfängt. Ich habe zuvor gesagt, von einer Heilung will im hier nicht sprechen. Ich war nur mal ein bisschen neugierig und wollte wissen, was in Ihrem Körper vor sich geht.

Ich gebe Ihnen zu wissen, warum ich nach Bayern gekommen bin. Bayern ist der letzte Versuch, der letzte Stoß, den ich hier in Deutschland tue. Das heißt: Wenn man mir nicht die Genehmigung, nicht die Freiheit gibt, Menschen zu helfen und zu heilen, dann bin ich gezwungen, so leid es mir tut, ins Ausland zu gehen.

Ich glaube nicht, dass Sie es so haben wollen.

(Aus der Masse ertönen Rufe: Das Volk will, dass er hier bleibt!)

Ich weiß, dass es Ihr aller Wunsch ist, dass ich hier in Deutschland bleibe.

(Beifall)

Ich habe es auch bereits allen Deutschen von Herford aus versprochen, in Deutschland so lange zu bleiben, bis ich auch das Letzte versucht habe, sodass ich das vor den Menschen verantworten kann. Man hat alles Mögliche versucht, mich unschädlich zu machen, damit ich nicht mehr in der Lage sein sollte, kranken Menschen zu helfen und sie zu heilen. Man glaubt immer nur von sich selbst reden zu können. Ich habe in der damaligen Zeit Tausenden von Menschen geholfen und habe sie geheilt. Dies aber war ungültig für einzelne Menschen, die über Sie in Deutschland bestimmen wollen.

(Zwischenrufe: Das ist Demokratie!)

Nein, das hat nichts mit Demokratie zu tun. Das sind einzelne Menschen, die glaubten, dass man ihnen das Butterbrot nehmen wollte. Ich nehme niemanden das Brot, ich will ihnen im Gegenteil noch etwas darauf geben. Denn sie alle sollen leben, sogar gut leben. Aber es muss jeder dazu beitragen, dass jedem Menschen so bald wie möglich geholfen wird.

Was ich den Deutschen versprochen habe, habe ich bis heute gehalten. An mir soll es nicht liegen. Ich tue meine Pflicht. Ich tue das, wozu ich mich verpflichtet fühle:

Menschen zu helfen und zu heilen. Ich möchte Ihnen hier keinen großen Vortrag halten. Sie werden die Presse verfolgt haben, werden hier und dort schon etwas gehört haben, werden schon viel wissen, aber das Eigentliche wissen Sie nicht. Und das ist ja auch nicht ausschlaggebend, denn Sie sind ja nicht hergekommen, um große Vorträge zu hören, Sie sind hergekommen, damit Ihnen geholfen wird.

Ich gebe Ihnen zu wissen[20], dass ich das Ausland auch nicht verachte. Es sind alles Menschen, und jeder will, dass ihm geholfen wird. Ich bin nun aber mal ein Deutscher und befinde mich heute noch auf deutschem Boden. Ich fühle mich verpflichtet, erst mal hier zu helfen, wo ich stehe. Aber alle Menschen, die auf dieser großen göttlichen Erde leben, haben eine Berechtigung genau dasselbe zu verlangen, was auch Sie haben. Jedem soll das Große und Gute, das Reichste was es überhaupt gibt, zuteilwerden. Nicht Reichtum an Geld, sondern Reichtum an Gesundheit. Und auch Ihnen soll diese Hilfe zuteilwerden.

Ich gebe Ihnen von hier aus zu wissen, dass ich auf dem besten Wege bin, Heilstätten zu errichten, Heilstätten für das bayerische Volk und das übrige Volk, soweit es sich auf deutschem Boden befindet. Aber diese Heilstätten sind keine Krankenhäuser[21]. Eines muss ich Ihnen gestehen, und das werden Sie mir auch bestätigen: Früher waren die Krankenhäuser teils voll besetzt. Heute kann man nicht mehr von Kranken- und Wohnhäusern sprechen[22], sondern heute gibt es nur noch Krankenhäuser. Denn in jedem Wohnhaus, wo Menschen glauben, sich wohlfühlen zu können, sind Kranke[23]. Dieses aber muss einmal ein Ende haben, und deswegen sind wir auf dem allerbesten Wege, Abhilfe zu schaffen. Ich gebe Ihnen bekannt, dass viele Ärzte sich bereit erklärt haben, an diesem großen, göttlichen Werk mitzuarbeiten[24].

Und ich würde es begrüßen, wenn sie sich restlos dazu zur Verfügung stellten, damit Menschen geholfen und geheilt werden können. Dann hat das Elend nicht nur eines Volkes, sondern aller Völker, aller Menschen, mal ein Ende.

---

[20] Die von Bruno Gröning verwendete, einleitende Redewendung „Ich gebe Ihnen zu wissen...", lässt auf eine Bekanntgabe aus der höchsten Quelle schließen.

[21] Man beachte den feinen, unterschwelligen Hinweis, dass eine Heilstätte dazu da ist den Menschen zu heilen.

[22] Wir heute Lebenden würden wir diese Worte ein wenig umformulieren: „Heute lassen sich Kranken- und Wohnhäuser kaum noch unterscheiden..."

[23] Man beachte die elementare Bedeutung dieser Worte: Die meisten Menschen sind krank!

[24] Doch wo sind sie geblieben? Wo sind die Ärzte, welche die ganze Menschheit zu erretten verstehen, Ärzte, die erkennen was die Seele des Menschen so sehr drückt, dass sie zu einem kleinen Funken verkommen ist? Wo nur sind die Ärzte, die erkennen, dass sie alle von Gott dazu berufen wurden zu den Kranken zu sagen: „Erhebe Dich mein/e Bruder/Schwester. Du bist geheilt. Aber sündige fortan nicht mehr damit Dir nicht noch ärgeres widerfahre!"

Das Wörtchen „Egoismus" ist Ihnen allen bekannt. Egoist soll der Mensch nur einmal im Leben sein; indem er das verlorene Gut, die Gesundheit, wider in sich aufnimmt. Berechtigung und einen Anspruch hat nur der, die Gesundheit zu erhalten, der bereits den göttlichen Glauben in sich hat und mit ihm lebt. Auf der anderen Seite sind viele, viele Menschen, die vor Jahrzehnten den Glauben bereits verloren, jetzt aber bereit sind, ihn wieder in sich aufzunehmen und mit ihm zu leben. Auch denen sei die Hilfe zuteil[25].

Bisher waren Hass und Neid, nicht nur unter den Deutschen, sondern unter allen Völkern der Erde. Auch dieses muss einmal ein Ende haben. Ein Ende hat es erst dann, wenn jeder den Weg zum Glauben zurückgefunden hat. Dann gibt es keine Gehässigkeiten unter Ihnen, unter den Völkern der Erde. Und der Weltfriede ist dadurch gesichert[26].

Ich weiß, der eine und der andere von Ihnen glaubt jetzt, dass ihm an Ort und Stelle geholfen wird. Schon gut, das soll geschehen. Es soll nur der eine oder andere seine Krankheit nicht festhalten, nicht so stark daran denken, sondern lock-

erlassen. Er soll fragen, was geht in meinem Körper vor. Solange er an seiner Krankheit festhält, habe ich keine Berechtigung, daranzugehen. Ich weiß, dass es überall dasselbe war, dass immer nachträglich die Bestätigungen vorgebracht wurden, indem es heißt „Ich bin geheilt, ich habe die Hilfe, die Hilfe Gottes erhalten. Ich bin jetzt frei, ich bin froh, ich bin der glücklichste Mensch.[27]" Und dasselbe werde im auch von Ihnen zu hören bekommen. Auch hier wird vieles geschehen, ehe Sie diesen Platz verlassen. Geben Sie bitte selbst auf Ihren Körper acht, was da vor sich geht. Versuchen Sie, Ihre steifen Glieder zu bewegen. Wenn Sie blind sind, schließen Sie einmal die Augen und öffnen Sie sie wieder, da werden Sie feststellen, dass sich in Ihren Augen etwas bemerkbar macht, Im kann nichts dafür, soweit Sie hier angesprochen sind, soweit Sie die Berechtigung haben, die Hilfe Gottes zu empfangen, so soll das geschehen im Namen Gottes.«

Als Gröning am 24. September 1949 zu den Heilungsuchenden vor dem Traberhof gesprochen hatte, trat ein katholischer Geistlicher aus Italien im Ordensgewand

---

[25] Merksatz: Wer bereit ist sich von Gott zu überzeugen, dem wird geholfen werden.
[26] Hier wird deutlich warum die hartnäckig bestehende Behauptung, die Große Umkehr stehe für die Umkehr aller Menschen, falsch ist. Die Große Umkehr ist die Umkehr, die ein jeder für sich absolvieren muss. Sie ist die größte Umkehr, die ein Einzelner vollziehen kann; das ist die oberste und höchste von Gott gegebene Lebensaufgabe und bedeutet, dass der Mensch seine Sündhaftigkeit ein für alle

Mal ablegen muss. Das ist der Sinn des Lebens. Der Weltfrieden kommt erst dann zustande, wenn alle Menschen diese Umkehr vollzogen haben. Dieses wird immer mehr Menschen leichter und leichter fallen, je mehr Menschen dieses bereits vollzogen haben. Diese Vorreiter, zu denen wir Bruno Gröning Freunde zählen sollten, sind die wahren Helden dieser Erde.
[27] Dieses „Glücklich sein" ist auch für die Nicht-Ärzte unter uns Freunden ein sicheres Anzeichen dafür, dass ein Mensch eine echte Heilung erhalten hat.

der Benediktiner an seine Seite und bat, einige Worte an die Versammelten richten zu dürfen. Er hielt, freudigst begrüßt, folgende Rede:

»Meine Geliebten!

Ich bin tief ergriffen durch die Worte des Herrn Gröning und ich muss gestehen, dass ich erinnert werde an das Wort der Heiligen Schrift: „An ihren Früchten werdet ihr sie erkennen." Der göttliche Heiland sagt das in Bezug auf jeden Menschen. Und die Frucht ist eine gute. Darum sollen die Menschen, die es sich zur Absicht gemacht haben, diesem Mann Gottes in den Weg zu treten, davon abstehen. Denn die Frucht ist eine gute.

Nicht so sehr werden die Menschen Gott angenehm und Gott ähnlich; als durch das „Gesundheit-bringen" den anderen. Und wenn Cicero dies in Bezug auf den ärztlichen Stand sagte, so gilt. dies auch für diesen Mann Gottes, der beauftragt ist, die Kranken zu heilen.

Wir sehen es, angefangen von Christus bis auf den heutigen Tag, wir lesen dies im Leben der Heiligen, wie die Heiligen ähnlich dem hier Wundertaten vollzogen haben in großem Glauben. Und der Herr selbst sagte: „Dein Glaube hat dir geholfen!"

Ich kann sehen, dass Sie von einem tiefen Glauben beseelt sind für diesen Mann Gottes. Und wenn Ärzte und Gelehrte, die ihm feindlich gesinnt sind, antworten, er hat keine Studien hinter sich wie sie, so ist dies lachhaft, denn Gott lässt sich nicht vorschreiben, was er tut. Der Geist Gottes weilt wo er will, und er offenbart seine Größe und Allmacht am meisten den demütigen Menschen.

Es sollte sich gerade das deutsche Volk freuen, dass ein Mann berufen ist, den geängstigten Seelen, den verdorrten Leibern Gesundheit und die Gnade, den Frieden, zu bringen. Ich hoffe, dass in Zukunft doch die Vernunft siegen wird und dass die Werke Gottes, die doch damit offenbar werden, so offensichtlich und deutlich zu Tage treten, dass diesen in Zukunft niemand mehr widerstehen kann.

Und wie Herr Gröning schon andeutete, ist es sehr gut, dass Mediziner eine Voruntersuchung und eine Nachuntersuchung machen[28]. Denn die Bosheit der Menschen ist sehr groß. Sie haben Christus nachgestellt und sie haben seinen Jüngern nachgestellt, und sie stellen jedem Menschen nach. Sie haben auch fromme Priester verfolgt, die im Namen Gottes Kranke geheilt haben.

Darum haben Sie Mut und Vertrauen und folgen Sie dem, was Herr Gröning Ihnen sagt. Ich habe heute früh in München gewartet in einer Wirtschaft, wo Herr Gröning hinkommen sollte. Und da war ich sehr bange, als ich die bedrückenden Nachrichten aus der Presse und auch sonst hörte[29]. Und da ist mir wieder das Schrift-

---

[28] Dies hat noch einen weiteren Grund. Ein Arzt, der solche Untersuchungen durchführt, kann, so er offen ist und nicht zu den Gegenrednern zählt, schlichtweg aus sich selbst heraus erkennen, dass es Gott tatsächlich gibt und dieser der Größte aller Ärzte ist. Damit haben es Ärzte einfacher als wir Freunde, die wir uns zuerst ändern (umkehren) müssen. Der Arzt hingegen kommt durch zwei einfache Untersuchungen deutlich einfacher ans Ziel.
[29] Die falschen und üblen Nachrichten, der Lug und Trug gegenüber unserem Freund

wort in den Sinn gekommen: „Und sie ließen sich nicht lange beraten vom falschen Herodes, und sie nahmen ihren Weg nur stracks nach Bethlehem und sie gingen hin und fanden dort den Herrn."

Die Werke Gottes werden offenbar werden in Zukunft. Darum haben Sie Vertrauen. Und wenn er nicht mehr heilen wird von hier aus, sondern seine Wirkung an einer anderen Stätte aufschlagen muss, so sehen sie darin den Willen Gottes. Und haben Sie großes Vertrauen und verdoppeln Sie Ihre Gebete. Und den Gegnern halten Sie das Schriftwort entgegen: „An ihren Früchten werdet ihr sie erkennen." Und auch jenes: „Wollet nicht verleumden meine Propheten[30]."

Tatsächlich ist die Gabe der Krankenheilung höher als die Prophetengabe. Denn was gibt es Schöneres, als den Menschen Heilung zu bringen. Wie der göttliche Lehrmeister durch Palästina gezogen ist und den Kranken geholfen hat, ihnen die Hände aufgelegt, so konnten Sie sprechen oder hören. Wer von bösen Geistern geplagt war, wurde von ihnen befreit.

Wir alle - die ganze Menschheit – stehen heute unter dem Einfluss der bösen Geister. Um diese Macht zu bannen, müssen wir einen ganz großen Glauben haben. Sein Berge versetzender Glaube, und damit ein gewisses Fluidum, geht von diesem Mann Gottes aus. Darum haben Sie Vertrauen und nehmen Sie Ihr Kreuz[31], wie

auch ich ein Kreuz zu tragen habe. Ich bin noch nicht Priester und habe einen schweren Lebensweg hinter mir. Aber im Vertrauen auf Gott - ich selber bin krank - und mit dem Blick auf den Gekreuzigten[32] müssen wir unser Kreuz auf uns nehmen.

Die Heilige Jungfrau möge euch segnen, den Gottesmann beschützen und ihn für viele Jahre der deutschen Nation erhalten, damit er ihnen Glück und Gesundheit bringen möge. Das walte Gott und die Heilige Jungfrau.

(Die wartende Menge beginnt nun das Te Deum zu singen)

Tief beeindruckt von Eurem Gottesglauben möchte ich noch einige Worte an Euch richten. Ich will euch einen Rat geben: Ein jeder trage des anderen Last. Seid lieb und gut zueinander. Das Gebot der Nächstenliebe ist das größte Gebot nach der Gottesliebe. Und richtet nicht, damit ihr nicht gerichtet werdet. Mit dem Maß, mit dem man ausmisst. wird einem eingemessen, sagt der Herr. Und was ihr redet siebt er durch drei Siebe: Durch das Sieb der Wahrheit, der Notwendigkeit und der Liebe. Wenn ihr zu urteilen habt so siebt auch das durch diese drei Siebe. Denn das Maß der Gottesliebe ist das Maß der Nächstenliebe. Der Leuchtturm der Liebe soll ausstrahlen und soll erhellen die Finsternis dieser Welt.

---

muss damals wahrhaft ungeheure Ausmaße angenommen haben.
[30] Prophet: Lehrer von Oben
[31] Damit ist die Last des Lebens gemeint, welche uns – sobald wir uns geändert haben – genommen wird. Das Kreuz steht hier als Sinnbild für das Kreuz das Jesus vor seiner Tötung zu tragen hatte.

[32] Jesus hätte mit größter Leichtigkeit seine Kreuzigung verhindern und seine Peiniger vernichten können. Da er dies nicht tat, können wir auch heute noch erkennen, worauf es der Satan abgesehen hat.

Ich habe heute in München eine Frau gesehen, die heillos über den Gottesmann und Wundertäter geschimpft hat. Ich habe sie zur Sprache gestellt und habe sie gefragt, ob sie ihn jemals gesehen hat. Sie antwortete mit Nein. Also habe ich gesagt: „Wie können Sie so etwas beurteilen, was Sie noch nie gesehen haben? Hätte diese Frau das durch die drei Siebe getan so hätte sie nicht so geurteilt. Hütet Euch einen Menschen, der Gottes Werk tut, zu verfolgen, denn dieses wird Strafe und Unglücke nach sich ziehen[33]. Ich habe schon viele übernatürliche Dinge gesehen, und ich sage Ihnen: Wo der Finger Gottes ist und sich Menschen dagegenstellen; sie werden alle niedergeschmettert werden. Darum tretet den Feinden Grönings entgegen die nie das Glück gehabt, ihn zu sehen. Sie sollen sich lieber hüten. Was nicht wahr ist, das darf nicht gesprochen werden. Die Frau ist erzürnt von mir weggegangen und ich habe ihr das Heilige Kreuzzeichen nachgesandt.

Der göttliche Heiland hat uns durch sein kostbares Blut erlöst. und er hat uns vorgelebt wie wir in den Tagen der Trübsal leben müssen.

Ihr habt das Glück gehabt den Gottesmann vor euch zu sehen und seine heilbringenden Worte zu hören. Darum habet Vertrauen und betet für ihn, damit er das Charisma der Krankenheilung noch recht viele Jahre ausführen darf, und betet zu Maria, dass sie ihn aufnimmt in ihr mütterliches Herz, und dass das göttliche Herz ihn in Schutz nimmt gegen allen feindlichen Trug und gegen die Nachstellung boshafter Menschen, die auf Anstiftung der Hölle gegen ihn arbeiten.

Sie können darüber denken, wie Sie wollen, aber mir scheint es; wir leben am Ende der Zeit, so wie es einst der Prophet Joel sprach: „Und am Ende der Tage, spricht der Herr, werde im meinen Geist ausgießen, und es werden Menschen Gesichte haben und werden Heilungen vollziehen."

Und wenn wir auf der einen Seite die Gnadengabe des Heiligen Geistes wirken sehen, so sehen wir aber auch auf der anderen Seite das Gegenteil. Und sehen wir hinüber in jene deutschen Lande, dort wo der Kommunismus ist, der auch mit seinem Rachen vor dem Bayernlande steht und es zu verschlingen droht - da hat das bayerische Volk die Aufgabe, die Sendung der Liebe und die Sendung des Glaubens zu wahren. Bayern möge sich dieser Stunde bewusst sein, dass es einen solchen Gottesmann in seinem Lande beherbergen darf. Und es soll den Schluss daraus ziehen, mit den Flüchtlingen und allen Heimatvertriebenen in diesem Lande recht gut zu sein.

Wir wollen Kinder des Lichtes sein und Werke des Lichtes vollbringen. Und blicken wir auf zu Gott, dem Geber des Guten, und geben wir ihm allein die Ehre.

Ich habe mich so erbaut an der Demut des Mannes Gottes, und er hat sich nur als Werkzeug des Allerhöchsten betrachtet. Das hat mich tief beeindruckt. Denn der Maßstab der Demut ist der Maßstab Gottes an einem Menschen.

---

[33] Das entspricht voll und ganz der Lehre Jesus (Siehe „Das Wichtigste Buch der Bruno Gröning Freunde")

Die nachstehend veröffentlichte Ferndiagnose stellte Gröning über eine Entfernung von vielen Tausenden von Kilometern. Frau R. war eigens für die Behandlung durch Gröning von Südamerika nach Bad Wiessee gekommen; dabei bat sie Gröning um Fernheilung ihres Mannes, der in Brasilien geblieben war.

Fernkrankheitsbild 4. 11. 1949, 17.15 Uhr, Bad Wiessee, gestellt durch Herrn Gröning. Ich, Frau Hanny R, St. Paolo, Rua-Buaia-Quil 125, bin die Gattin des Kranken und habe Herrn Gröning, der die Krankheit meines Gatten einem gesunden Menschen in den Körper gegeben hat, nichts erzählt. Dies bestätige ich an Eidesstatt.

Beklemmendes Gefühl auf der Brust, besonders stark bemerkbar beim Durchatmen. Häufig auftretende Atemnot, besonders stark bei Überanstrengung. Zeitweilig auftretendes abschnürendes Gefühl im Hals, verbunden mit leichten Schluckbeschwerden. Leichter Druck auf der oberen Stirnseite mit einem Ziehen durch den Kopf und über den Kopf zum Hinterkopf. Nase zeitweilig verstopft, besonders rechts, in Höhe der Nasenwurzel. Öfters leicht dumpfes Gefühl im rechten Ohr, Gleichgewichtsstörung, zeitweilig Schmerzen der Kopfhaut, besonders am Hinterkopf, überziehend zum Halswirbel. Häufig auftretender Schmerz im Rücken, ungefähr eine Handbreit überm Becken. Zeitweilig leichter stechender Schmerz in der linken Schulter, besonders beim Durchatmen. Eine besondere Druckstelle im Magen, besonders am Magenausgang, Verdauungsstörungen, häufig auftretendes Übelkeitsgefühl, Appetitlosigkeit. Zeitweilig leichte Verkrampfung im Unterleib. Unregelmäßiges Arbeiten der rechten Niere, auch eine unregelmäßige Erwärmung der

Nieren; Leichtes Ziehen vom Wirbel zu den Nieren. Müdigkeitserscheinung in den Beinen, besonders Oberschenkeln. Auch die Knie sind zeitweilig schwer beweglich, besonders bemerkbar beim Treppensteigen. Beine zeitweilig kühl, Fußsohlen oft feucht, zeitweilig unregelmäßiger Pulsschlag, häufig auftretende Herzbeklemmung und unregelmäßiges Arbeiten des Herzens. Stechender Schmerz; drei Finger breit unter dem Herzen nach links ausstrahlend. Die Temperatur im Körper ist großen Schwankungen unterworfen. Des Öfteren auftretende Schweißausbrüche. Brennen in den Augenhöhlen mit Druck von oben auf die Augenlider, gleichzeitig leichtes Stechen von den Augenwinkeln zur Schläfe. Große Empfindlichkeit gegen Temperaturwechsel. Leberschwellung und schmerzhafter Druck rechtsseitig in Nabelhöhe, besonders stark bemerkbar beim Durchatmen. Des Öfteren Schlaflosigkeit, sehr unruhiger Schlaf, sehr erregbar und leicht aufbrausend. Allgemeine große Nervosität, sehr schmerzempfindlich. Befasst sich in Gedanken oft mit evtl. neu auftauchenden Krankheitserscheinungen. Der Blutkreislauf ist nicht einwandfrei. Stauungen in Leber-, Magengegend und linksseitig im Hinterkopf. Zeitweilige leichte Kopfschmerzen.

Die Fernheilung durch Bruno Gröning um 17.45 Uhr durchgeführt und mit folgenden Worten begleitet:

Starkes Wärmegefühl mit einem leichten Schock verbunden. Rieselhaftes Durchziehen des ganzen Körpers. Starkes Druckgefühl im Kopf mit besonders schmerzhafter Stelle im Hinterkopf. Leichtes Ziehen vom Hinterkopf über Halswirbel zum Rücken.

Druckstellen im Kopf sind weg. Normale Durchblutung des Körpers. Der Schmerz in

Nabelhöhe ist weg. Allgemeine Erleichterung im Durchatmen, große Körperfrische, wie aus dem Bad gestiegen, auch allgemeines Gefühl der Beruhigung. Ist mit seinen Gedanken augenblicklich nicht bei der Krankheit, ist abgelenkt. Stark prickelndes Gefühl im linken Unterarm. Die Wärme macht sich im gesamten Körper sehr stark bemerkbar, besonders die im Krankheitsbild angeführten Stellen werden besonders stark warm.

Zum Autor

Kurt Trampler wurde in der Folge ein enger Freund Grönings; seine rechte Hand. Gröning statte ihn mit weitreichenden, schriftlichen Vollmachten aus. Beide Männer vertrauten sich gegenseitig bedingungslos. So wundert es nicht, das Trampler noch einige Jahre bei ihm blieb und dann, so wie es der Pfarrer beschrieb, selbst heilte. Erst als sich im Werk Grönings große Änderungen abzeichneten trennten sich beide wieder damit jeder seinen eigenen, neuen Weg einschlagen konnte. Kurt Trampler stellte auch „Die Akte Bruno Gröning" zusammen, die Gröning 1954 vor Gericht entlasten sollte aber keine Beachtung fand.

Nachwort zum
weiteren Wirken Grönings

Bruno Gröning heilte persönlich noch bis Anfang 1954 Tausende. Dann kam es zu einer großen Wende. An das ihm auferlegte, endgültige Heilverbot hielt er sich, brachte aber etwas bedeutend wirksameres in die Welt: Seine Lehre. Diese wird bis ans Ende aller Zeiten unangetastet gültig bleiben. Durch diese Lehre war die Person Bruno

Gröning nun nicht mehr von Nöten, denn ein jeder Mensch, auf der ganzen Welt, vermag sich nun aus sich selbst heraus zu heilen, indem er sich einfach nur zum besseren hin ändert. Seine Lehre ist zu 100 % kompatibel mit der Lehre Jesus und den Karma-Gesetzen[34].

Nach dem Prozess begann er sofort damit sein Werk neu auszurichten. So begründete er zusammen mit dem damals erst elfjährigen Walter-Wilhelm Busam – man könnte es so nennen – seinen Verlag.

Bruno Gröning verstarb im Januar 1959 unter Begleiterscheinungen wie sie auch nach der Ermordung Jesus auftraten.

Bruno Gröning hielt bis zum letzten Atemzug an der Errichtung der Heilstätten fest. Doch die bis heute anhaltende Selbstbereicherung an riesigen Summen Spendengeldern verhindern dieses immer noch.

Er wäre gerne noch eine Weile unter uns geblieben. Dazu hätte er nur wenige hundert DM monatlich benötigt. Doch als selbst die Vorsitzenden der beiden großen und reichen Vereine diese verweigerten, holte Gott ihn heim; zu sich. an den reich gedeckten Tisch der Liebe.

Zum Nachfolger des im Jahre 2010 heimgeholten Walter-W. Busam wurde Theo von Hofstede berufen, der das Werk Busams, getreu den Anweisungen Grönings, fortsetzt.

Die beiden Vereine verschwanden im Reich der Bedeutungs- und Nutzlosigkeit.

---

[34] Weitere Informationen hierzu finden Sie unter buchstede.de, insbesondere im Werk „Die Wahrheit über Ihr Karma".